けんちく世界をめぐる10の冒険

伊東豊雄建築塾 編著

彰国社

伊東豊雄建築塾
執筆メンバー

伊東豊雄（塾長）

東建男（塾頭）

庵原義隆（入所4年目）

御手洗龍（入所3年目）

岡野道子（入所2年目）

田邊曜（入所2年目）

森山ちはる（入所2年目）

＊入所年数は、2006年10月現在

art direction: Tetsuji Ban
book design: BANG! Design

目次

プロローグ

小さな建築塾を開きたい、と何年も前から考えている。良い建築家になるために、大学では教えられないことがあるはずだ、と思うからだ。

大学で教えていると、そこまで言ってしまっていいのかなとためらうことがしばしばある。でも私塾だったら、すごく個人的な想いを思いっきり伝えても構わないだろう。頭で理解させるのではなく、身体全体で受け止めてもらわない限り設計思想なんて浸透しないと思う。

オフィスで毎日顔を合わせているスタッフとの間ですら、容易に想いが伝わらないもどかしさがある。しっかりとコンセプトやイメージを伝えたつもりなのに、次のミーティングではまるっきりあてが外れて落胆することも多い。きっと思想を共有し得ていないからに違いない。

一体、思想を共有するにはどうしたらいいのだろう。そんな時に思いついたのがこの本であった。うちのオフィスの新人達に、最近のプロジェクトを語らせてみよう。各プロジェクトの背後に潜む設計思想の真髄を、一般読者にも容易に理解できる平明さで……。

重要な10のテーマを選び、それぞれに図版や写真を多用して、短い解説を添える。まとめたものを月に1、2回プレゼし合いながら相互批評する。簡単なことだと思って始めたのだが、これが意外に難しかった。文章にしても図版にしても、簡潔にしようとすればする程、思想の深さが試される。編集者も忍の一字、待つこと1年余りにして、ようやく少しは見られるものになった。これが設計の作業だったらとっくにキレていただろう。

それにしてもタイトルは何故「けんちく世界をめぐる10の冒険」なのか。この10年間、コンピュータ・テクノロジーの発達は、ワクワクするような「けんちく世界」を開いてくれつつあるからだ。

例えば1本の木の成長を眺めてみよう。どの木も枝分かれを繰り返して成長する。枝分かれというルール自体は単純だが、その分かれ方はものすごく複雑である。周辺環境との関係、自分自身のなかでのバランス等ありとあらゆる相対的関係において成長は続けられる。成長の行方は当初から定まっている訳ではなく、成長の過程で随時修正されながら独自のバランスをキープする。だから1000本の木はいずれも異なる形態を持ち、どの木が一番美しいという訳でもない。

相対的な関係においてつくられる有機体のような建築、そんな建築をつくることが可能になりつつある。その実現のためには、たくさんのことが変わらなくてはならない。構造システムも、模型のつくられ方も、施工のシステムも変わらなくてはならないだろう。

でも私達はそうした未知の洞窟の入り口にとりあえず辿り着いた。そしてその奥へと突き進むワクワクするような「けんちく世界」への冒険が待ち受けているのである。

2006年8月3日　　伊東豊雄

01
EMERGING GRID

ねじれたグリッド

不思議な空間に
出会いました。
森のなかのようだけれども
洞窟のなかでもあるようで
自然に包まれているように
感じるけれど、どこか抽象的。
内部なのか外部なのか
あいまいで
どこまでも続いているようでした。

台中メトロポリタン・オペラハウス・コンペティション応募案

自然のなかには
楽しい場所がたくさんあります。
「あの陰で本が読みたい」
「この上で昼寝をしよう」
そんな、身体に訴えかけてくるような
場所がたくさんあります。

たくさんの穴が
つながってできた
洞窟があります。
ある方向からは
光が入ってきているけれど、
ある方向は真っ暗。
囲まれているようだけれども
いろいろな方向に
つながっている。
どこからが外部で、
どこまでが
内部なのでしょうか。

マルク＝アントワーヌ・ロージェ『建築試論』(Gregg Publishing) より

昔の人は自分に合った場所を探して
森のなかを歩きまわりました。
そして気に入った場所を見つけると
そこに生えていた木に枝を掛け渡し、
すみかをつくりました。
これが人間のつくった最初の建築です。

人はなにもないところに
突然建物を建てたのではなく
森がつくりだした場所を感じ取り、
それをうまく利用することで
自分の空間をつくったのです。

土地にはそれぞれの
場所の力があります。
選ばれた場所に
家が建ち並ぶことによって、
その土地ならではの風景が生まれます。

そうした風景がまた、
その土地特有の生活をつくり、
活動の幅を広げます。
人が住むことで自然のもつ多様性は
さらに複雑になり、
その土地の場所性が、
より浮かび上がるのです。

原広司『集落の教え 100』（彰国社）より

さて、

私たちの街に建つ建物はどうでしょう。

ほとんどが、水平な床と

決まったピッチで並べられた柱、

そこにはまるガラス窓や間仕切り壁……、

といった構成でできています。

これがグリッドシステムです。

この幾何学だけで成り立つ工業的な仕組みは、

技術の進歩とあいまって、

２０世紀の間に世界中に広がりました。

きれいにできてはいるけれど、

どこに行っても同じ、

味気ない空間ばかりが繰り返されます。

自然のおもしろさを盛り込んだような、
もっと自由な建物はできないのでしょうか。
たとえば積層された洞窟のような集合住居。
どこでどんなことをしようかと、
身体に訴えかけてくるような建物です。

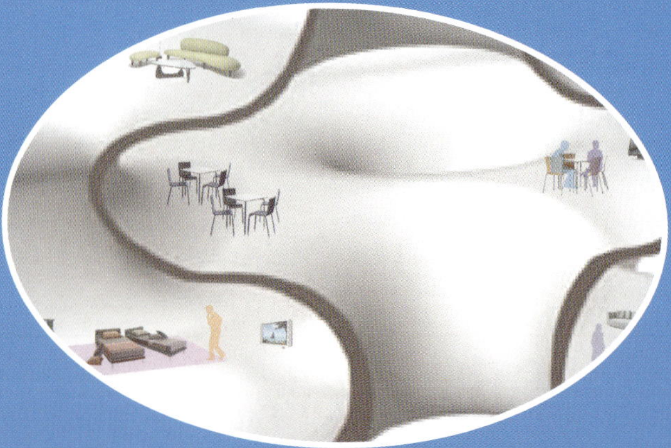

そこで、
２０世紀のグリッドシステムに代わる
新しい仕組みを考えます。

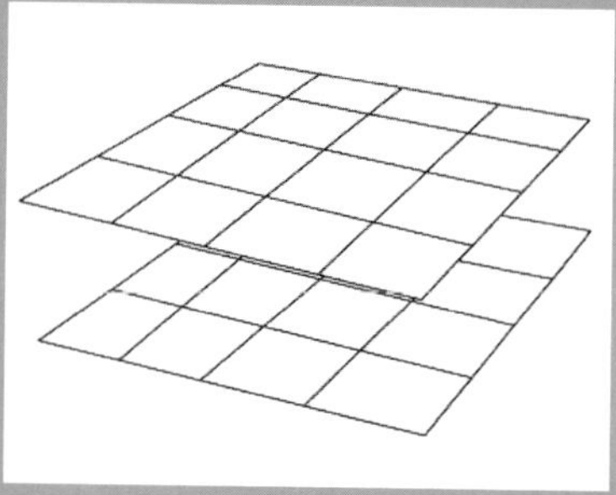

① グリッドシステムを

② 各平面で市松模様に塗り分け

このゆがんだグリッドシステムを
エマージング・グリッド
（emerging grid：生成するグリッド）
と名づけます。
3次元曲面のみで構成される
トポロジカルで自由なグリッドです。

③ 上下階で入れ違いになるように
面でつなぎ合わせ

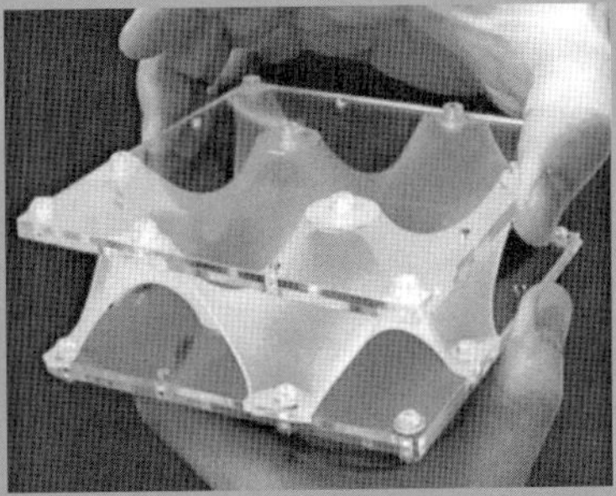

④ ふたつの有機的な空間を
発生させます

20世紀のグリッドシステムは
どこまでも連続するけれど、
ひたすら均質さを強調する、
自然と乖離した空間を生みました。
エマージング・グリッドもどこまでも
連続するシステムですが、

縦方向にはクラインの壺のようなチューブ状につながる空間を生み、

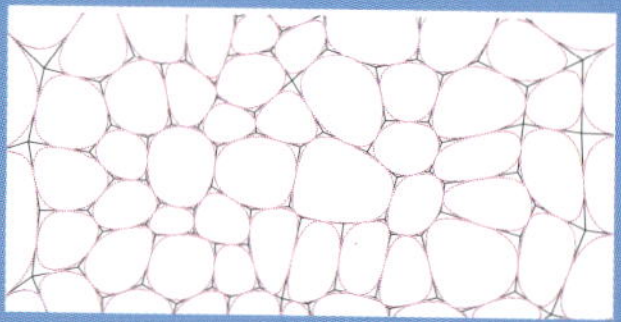

平面的にはプログラムに応じてエリアの大小を選択できます。

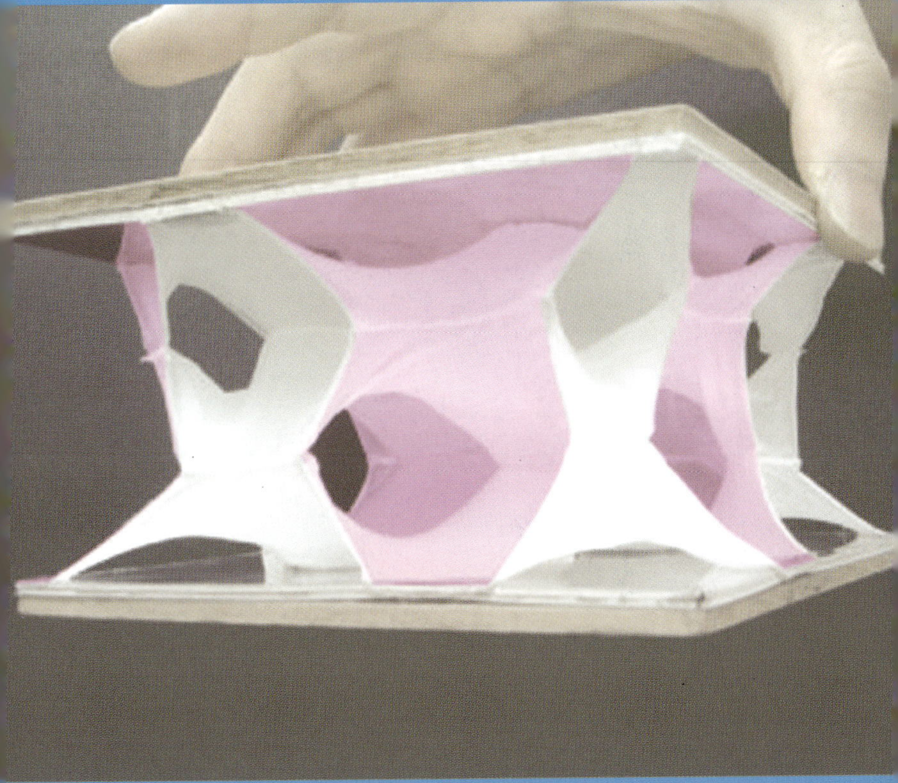

「ベルリン－東京／東京－ベルリン 2つの都市の芸術」展

不均質な連続と分散を合わせもつ
エマージング・グリッドは、1層で展開させると、
波打つ水面のように起伏をもった床が発生します。

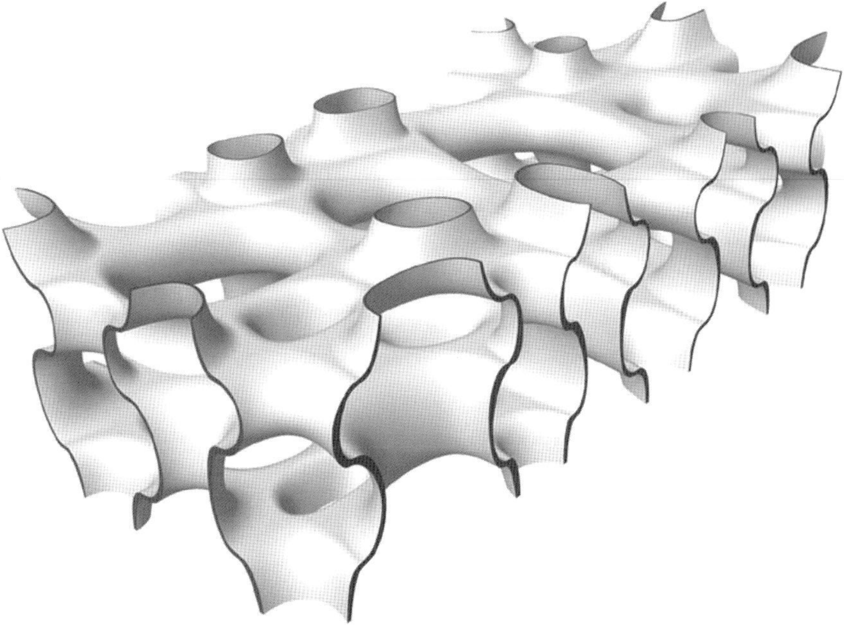

直方体状に切り取ると、森のような、
洞窟のような、人工的だけれど
有機的な空間システムが出現します。

エマージング・グリッドによって、
自然の楽しさをもつ、
より自由で身体に訴えかける
空間が生まれそうです。

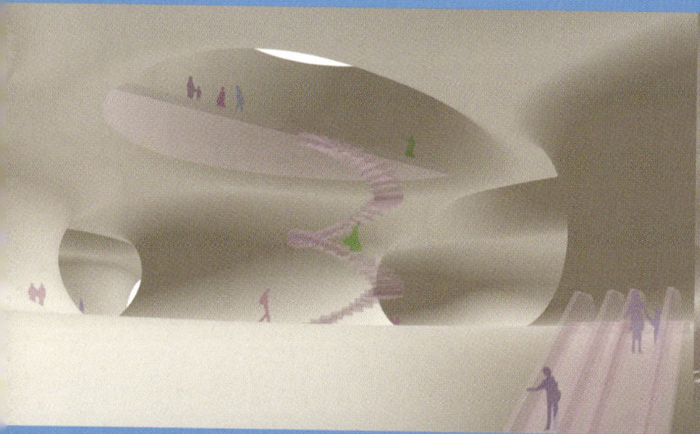

02
SPIRAL

動きのかたち

リラクゼーション・パーク・イン・トレヴィエハ

スペインのバレンシア州、
トレヴィエハというところに、
大きなスパイラルの建築があります。

トレヴィエハには、
微生物によって不思議なピンク色をしている
塩水湖があります。
きれいな砂のなだらかな丘に建つこの建築は、
タラソテラピーのための施設です。
まるで、砂丘に埋もれた巻貝のようです。

建築が貝のようなスパイラルを描くということに、
いったいどういう意味があるのでしょうか？
その空間は私たちになにをもたらすのでしょうか？

巻貝はスパイラル状の強い構造をもち、
外敵から身を守り、
外へ外へと同じ比率でらせんを描くことで
成長していきます。

外へと描かれるらせんは、
ゴルフのスウィングのフォームのように
エネルギーを生成する軌道です。

プロゴルファー・宮里藍選手（サントリー）

スパイラル、それは宇宙から微生物にいたるまで、
さまざまな生物や運動の軌跡に多く見られる形態です。

台風は、湿った暖かい空気がらせん状に
上昇したときの気圧の差によって生まれる
左まわりの大きな気流の渦です。

植物は日光を得るために
葉を一定の角度で回転させながら成長していきます。
そしてある種のサボテンは、
フィボナッチ数列の比にしたがって
らせんを描きながら成長します。

万物は流転し、スパイラルを描くのです。

トレヴィエハの内部空間は、
先へ先へとらせんの軌跡を描きながら
無限に連続していくように
感じられます。

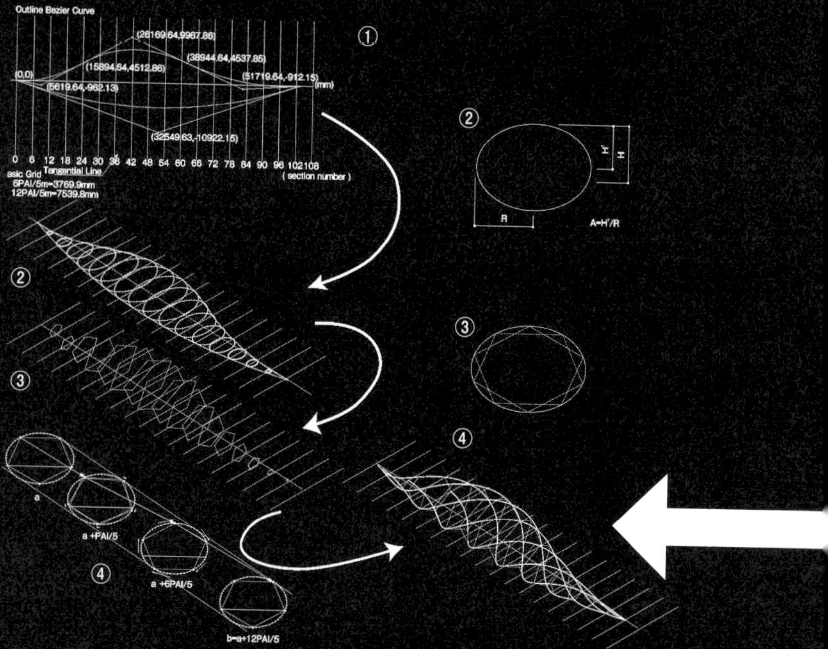

①ベジェ曲線による平面形を描く。

②各断面に、一定のプロポーションをもつ楕円を与える。

③各楕円に、5角形を回転させながら配置する。

④連続して回転する5角形の頂点をつなぐ。

これが、トレヴィエハのスパイラルのつくられ方です。

構造を担当した池田昌弘さんに、もう少し詳しくお話をうかがいました。
「トレヴィエハは、等間隔に取りだした断面に、一定の比率の楕円を与えて断面形状を5角形に変換し、それを回転させながら、連続するストラクチュアをつくっています」

なぜ楕円の断面に5角形を与えるのですか？
「5角形にすれば、力がつながるんです。断面図を見ると、らせん状の5本のスティールバーは、回転する5角形の頂点を移動しながらスラブと基礎にジョイントしていますね。つまり、スラブは5角形の1個おきの頂点、基礎は5角形の隣り合う頂点を通して力が伝わっていく。この結果、常に5角形の頂点すべてに力が伝わる。6角形など偶数の頂点をもつ形では、こうはいきません」

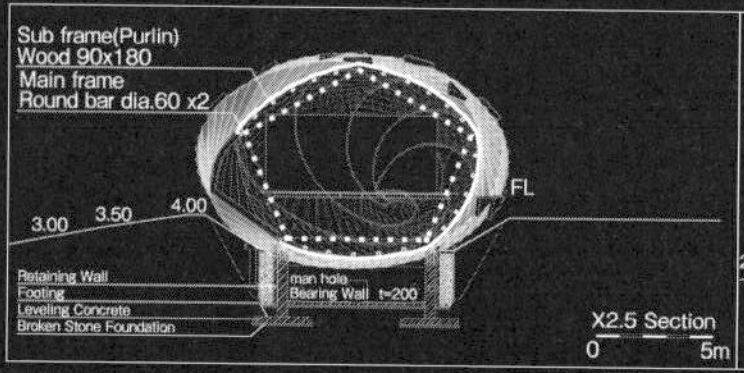

基礎とジョイントする断面

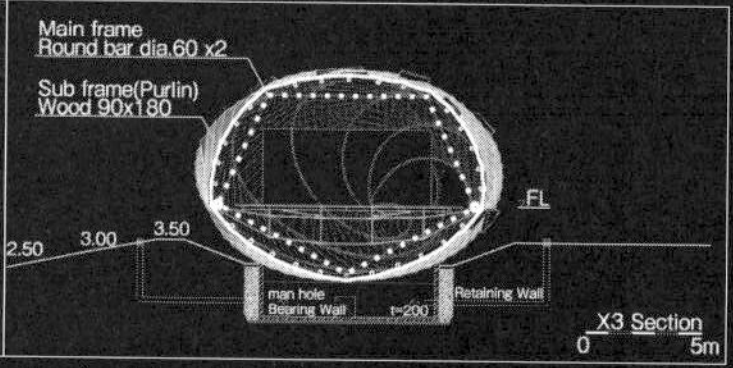

スラブとジョイントする断面

トレヴィエハのスパイラル・ストラクチュアは、自由な曲線を描いているかのように見えますが、実は非常に規則的な構造をもっているのです。

「トレヴィエハの構造は、ベジェ曲線を描く平面形をした基礎と、スパイラルの真ん中あたりでハンモックのように両側から吊られているスラブ、そして木母屋と5本のスティールバーとのスパイラルによって構成されています。木とスティールを編んでいくような、2方向のスパイラルをもっているのです。スパイラルは、非常にフレキシブルなバネのような形です。ですから、2方向のスパイラルをスラブでしっかりととめることで安定させています。スラブがなくなるとスパイラルが一気に回転し、ほどけてしまうのです」

池田昌弘さん

「たとえば円周上に100個の点がある場合、ある点からその反対側に移動するためには、49ポイント移動しなくちゃいけない。でも、そこにランダムなショートカットが何本かあれば、通過しなければならない点の数が一気に減りますよね。トレヴィエハでは、そういうショートカットをつくることによって、離れた場所にも力を伝え、力を分散させているんです」

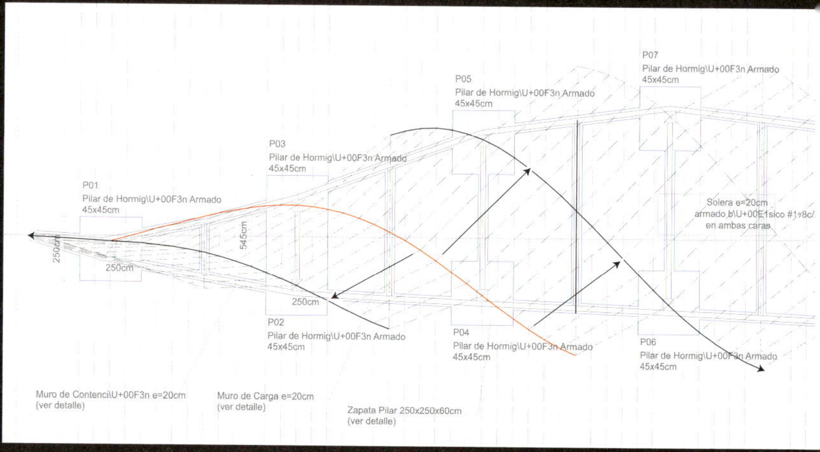

トレヴィエハのストラクチュアでは、力がジャンプし、建物を構成するすべての材が働き合うような関係がつくられています。二重のスパイラルを描くことによって、力をネットワーク状に作用させることが可能になっているのです。

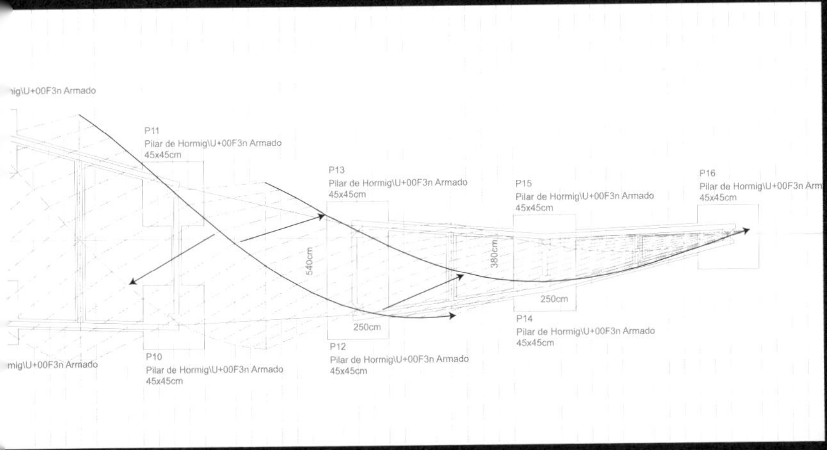

スパイラル・ストラクチュアによって、
終わることなく続いていくような
流動的な空間が立ち現れます。

スパイラル・ストラクチュアは、
均質なグリッドに縛りつけられていた建築に、
もっと動的な座標系を与えることが
できるのではないでしょうか。

03
ALGORITHM

動きのルール

2002年夏、
ロンドンにあるケンジントンパークのなかに、
小さなパヴィリオンがつくられました。
緑の芝の上に建つその真っ白い建物は

わずか3カ月しか存在しませんでしたが、
毎日、カフェ、レクチャーやパーティの空間として、
多くの人々で賑わいました。

サーペンタイン・ギャラリー・パヴィリオン 2002

それは本当に小さな建物ですが、
とても変わった感じのものでした。
外から見ると四角いハコなのに、
なかに入ると空間全体が
動き始めるように感じるのです。
この「動きのあるかたち」とは、
いったいなんなのでしょう。

この小さなパヴィリオンでは、
ある「ルール」をもとに分割された線の集合が、
屋根を支える梁の役割を果たしています。

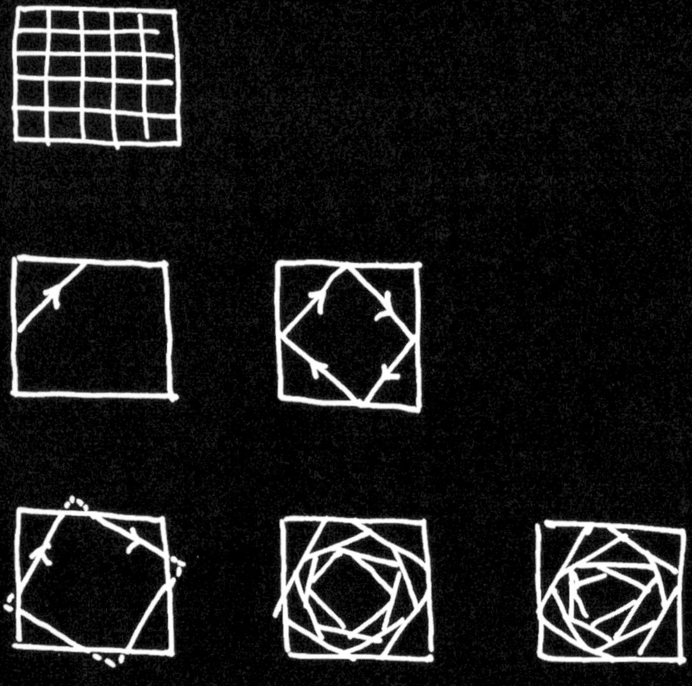

セシル・バルモンドのスケッチ

では、どんな「ルール」が「動きのあるかたち」を
生みだしているのでしょうか。

ここに大きな正方形があります。
そしてその正方形を細かく分割してみます。

縦横のラインでグリッド（格子）に分割されるのが普通ですが、ここではまず、正方形の一辺のある点から隣の辺のある点へ向けて線を引きます。隣の辺にぶつかったら直角に方向転換し、隣の辺へ向けてさらに線を引きます。それを繰り返すと、もとの正方形に内接する少し小さな正方形が描けました。この小さな正方形は、もとの大きな正方形よりちょっとだけ回転しています。さらに続けると、この正方形に内接するさらに小さな正方形が描けます。これを繰り返すと、内接しながら少しずつ回転する正方形が無限に描けるのです。

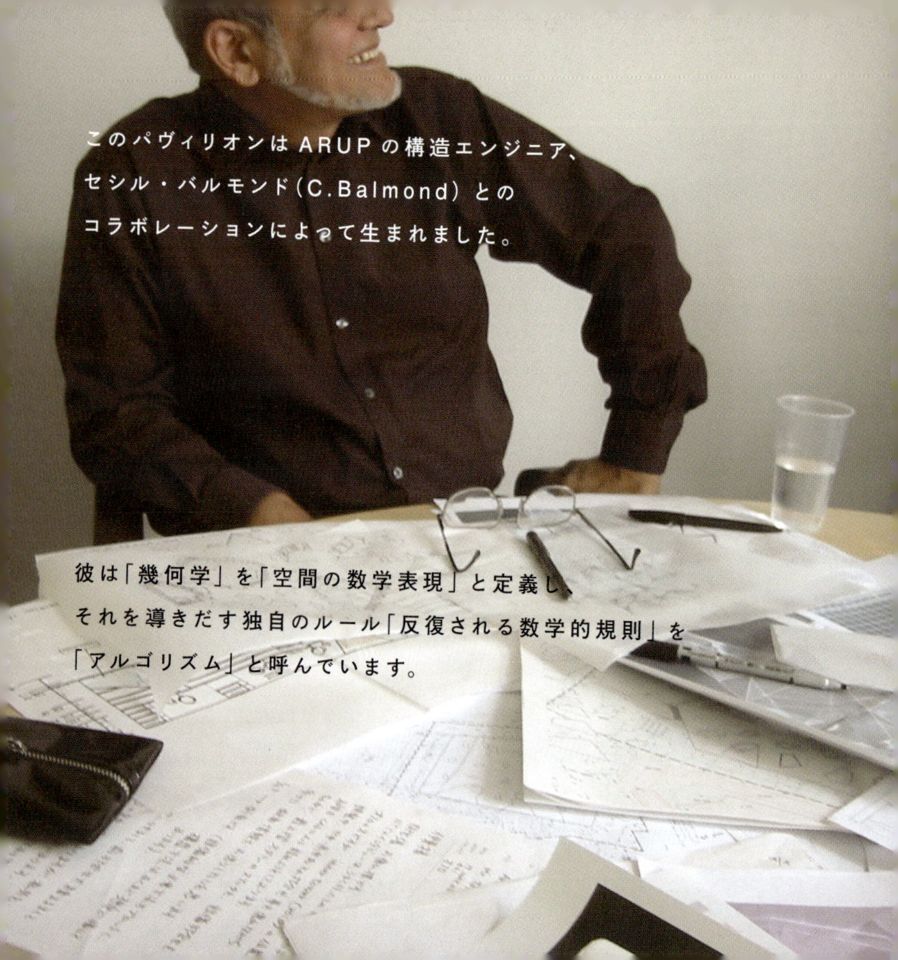

このパヴィリオンはARUPの構造エンジニア、
セシル・バルモンド(C.Balmond)との
コラボレーションによって生まれました。

彼は「幾何学」を「空間の数学表現」と定義し、
それを導きだす独自のルール「反復される数学的規則」を
「アルゴリズム」と呼んでいます。

「アルゴリズム」とは、
点の運動をコントロールする数学的な規則です。
回転、揺れ、折れ曲がり。

それは、点がどう変位するかを決める
単純なルールでしかありませんが、
このルールを空間に広げていくと、
複雑で多様な世界が立ち現れてきます。

一見ランダムで動きのある複雑さをもつ「構造」が、
「アルゴリズム」によってできるのです。

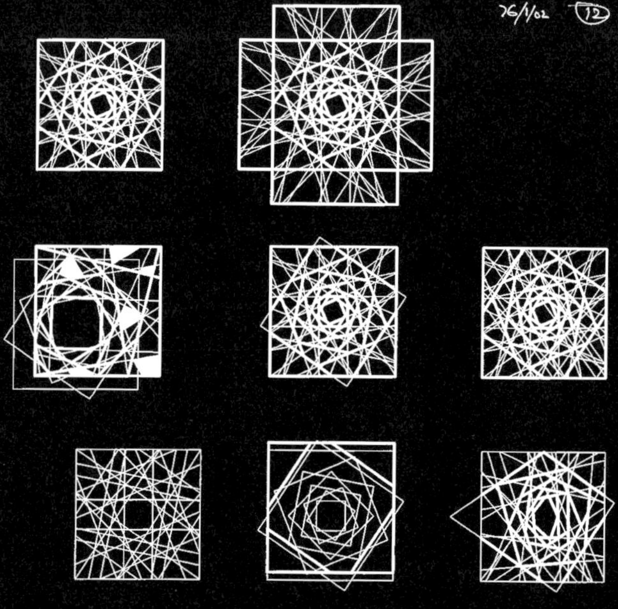
26/1/02
12

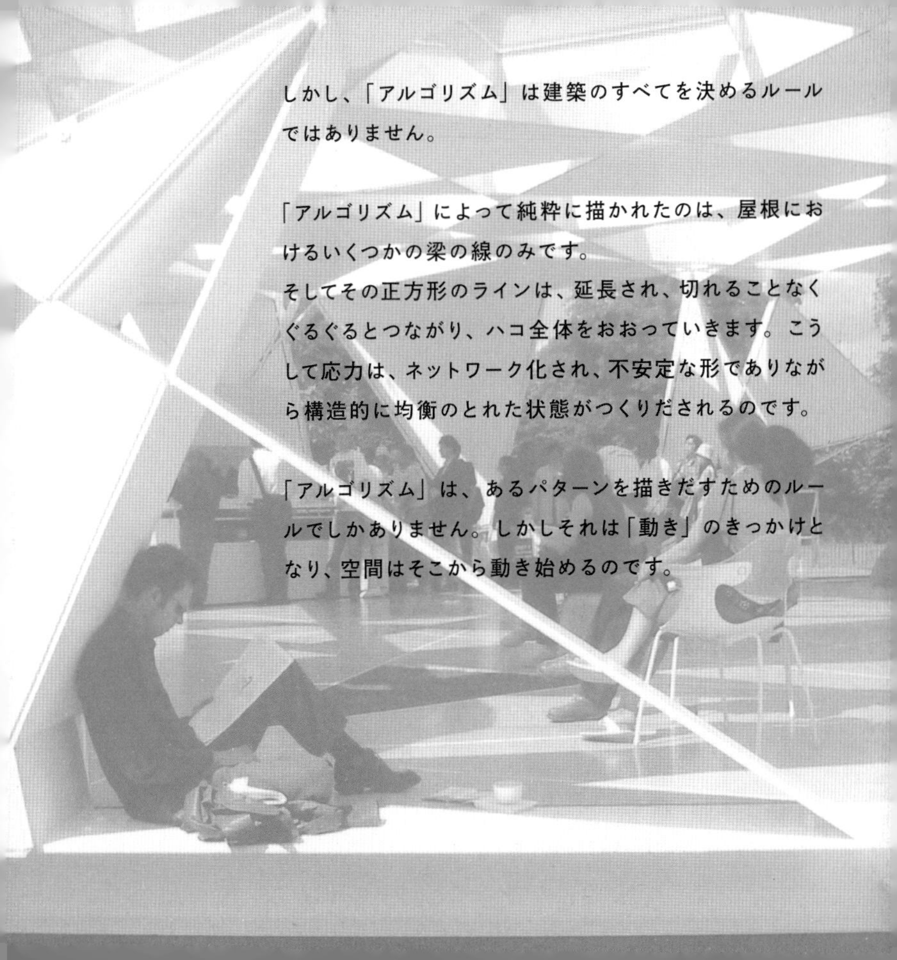

しかし、「アルゴリズム」は建築のすべてを決めるルールではありません。

「アルゴリズム」によって純粋に描かれたのは、屋根におけるいくつかの梁の線のみです。
そしてその正方形のラインは、延長され、切れることなくぐるぐるとつながり、ハコ全体をおおっていきます。こうして応力は、ネットワーク化され、不安定な形でありながら構造的に均衡のとれた状態がつくりだされるのです。

「アルゴリズム」は、あるパターンを描きだすためのルールでしかありません。しかしそれは「動き」のきっかけとなり、空間はそこから動き始めるのです。

グラスゴーSプロジェクト

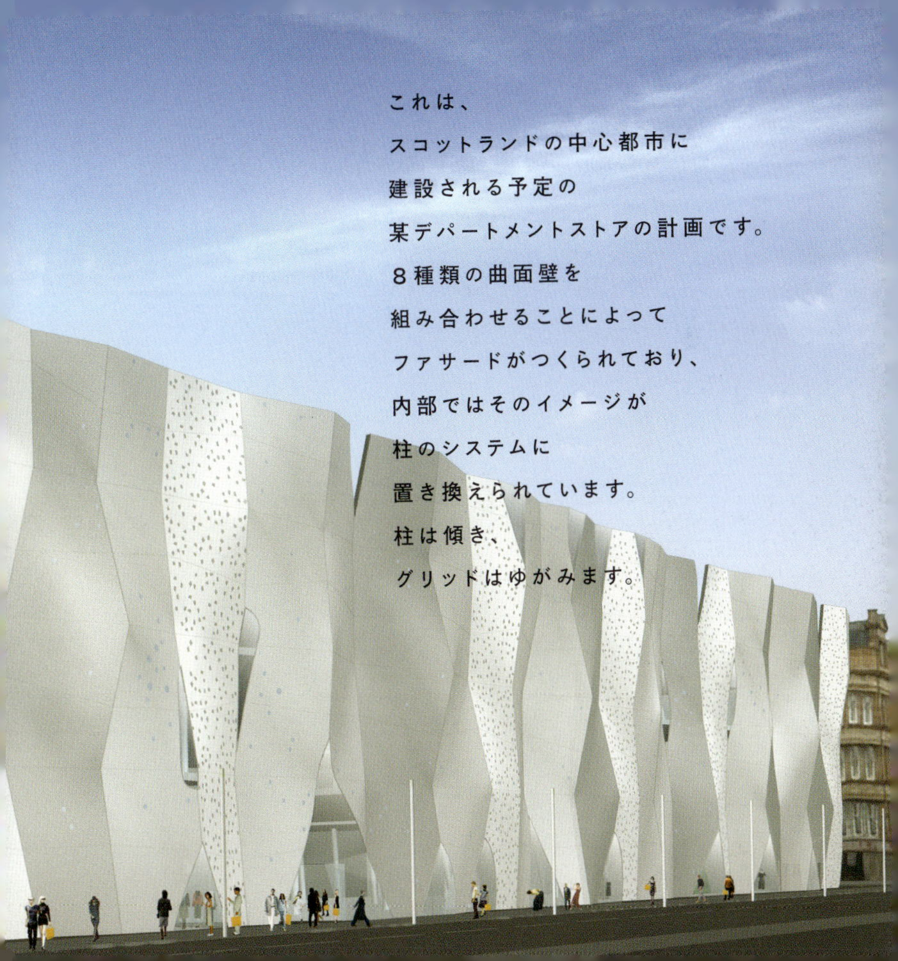

これは、
スコットランドの中心都市に
建設される予定の
某デパートメントストアの計画です。
8種類の曲面壁を
組み合わせることによって
ファサードがつくられており、
内部ではそのイメージが
柱のシステムに
置き換えられています。
柱は傾き、
グリッドはゆがみます。

床
・柱間にある不規則な形状をした床パネル
・不規則なグリッドに対して容易に適応するフラットスラブ

コア
・風などの水平荷重に対して抵抗し、建物の安定性を図る

ヴォイド
・連続する吹抜け

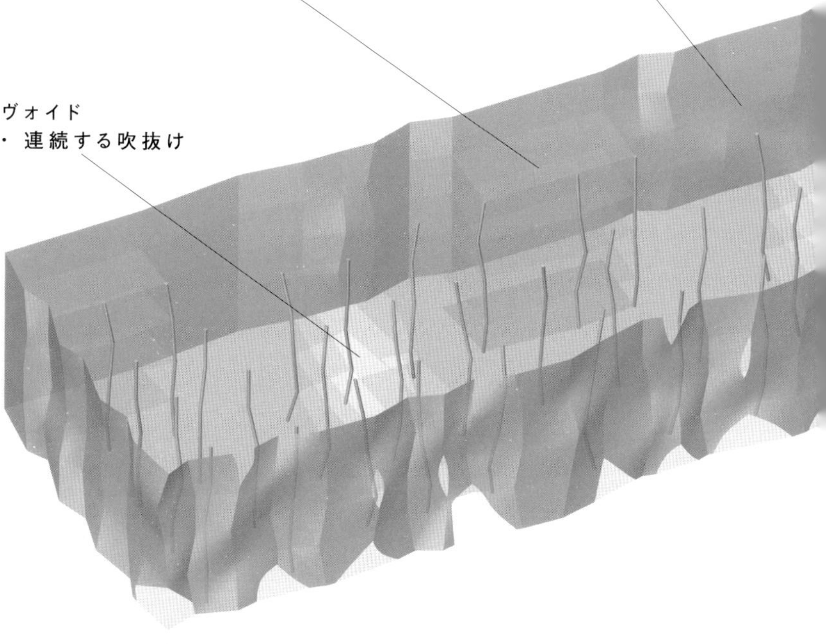

柱
- 内部で傾斜する柱
- 許容積載荷重と耐火性を上げるため、
  コンクリートが充填された鉄骨柱
- 風などの水平荷重に対して、柱全体で抵抗し
  建物の安定性を強化する

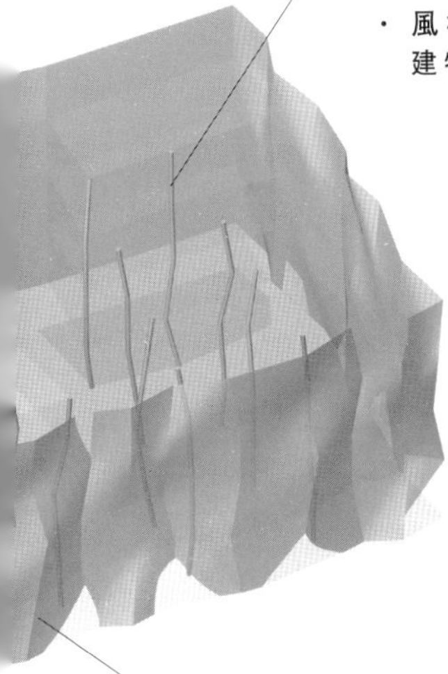

内部に入ると、

まるで林のなかにいるような感じが

するのではないでしょうか。

壁
- 多面に折り込まれたひだ状の外壁パネル
- プレキャストコンクリート＋カットされたガラス（厚さ200mm）

この柱の傾きと分布は、セシルの考えた"ULAMS SPIRAL"と

TRANSLATIONAL 'MOVE'

7	6	5
8	1	4
9	2	3

TRANSLATIONAL 'MOVE' COORDINATES

X		Y	
1	0	1	0
2	0	2	-1
3	1	3	-1
4	1	4	0
5	1	5	1
6	0	6	1
7	-1	7	1
8	-1	8	0
9	-1	9	-1

ULAMS SPIRAL

157	156	155	154	153	152	151	150	149	148	147	146	145	196
158	111	110	109	108	107	106	105	104	103	102	101	144	195
159	112	73	72	71	70	69	68	67	66	65	100	143	194
160	113	74	43	42	41	40	39	38	37	64	99	142	193
161	114	75	44	21	20	19	18	17	36	63	98	141	192
162	115	76	45	22	7	6	5	16	35	62	97	140	191
163	116	77	46	23	8	1	4	15	34	61	96	139	190
164	117	78	47	24	9	2	3	14	33	60	95	138	189
165	118	79	48	25	10	11	12	13	32	59	94	137	188
166	119	80	49	26	27	28	29	30	31	58	93	136	187
167	120	81	50	51	52	53	54	55	56	57	92	135	186
168	121	82	83	84	85	86	87	88	89	90	91	134	185
169	122	123	124	125	126	127	128	129	130	131	132	133	184
170	171	172	173	174	175	176	177	178	179	180	181	182	183

14 × 14 からなる(196 個の点) フィールドとして敷地を座標化します。数列的規則に則して数字の決まる「ナンバー・フィールド」を、そのグリッドに当てはめます。そのグリッド上に並ぶ各数字に対して「シグマコード」と呼ばれる操作を加え、1桁の数字に変換します。

ALGORITHM for INCLINED COLUMN

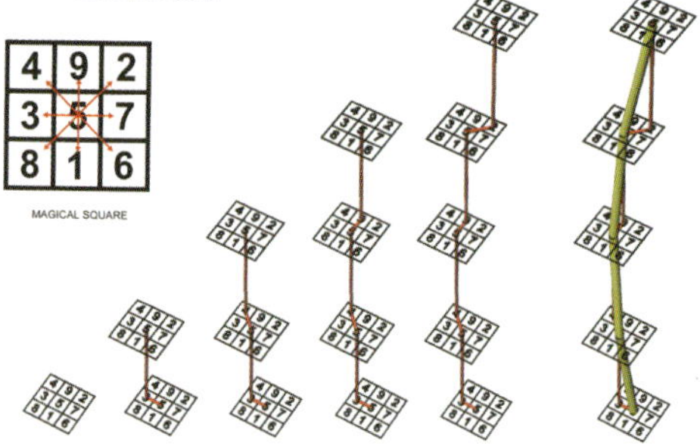

1 から 9 までの数で構成された魔法陣によって、各柱の変位方向を定義します。
同様の操作を Z 軸方向に繰り返し展開することによって、空間内部の全節点の位置を定義します。

呼ばれるアルゴリズムによってネットワーク化されています。

各節点はつながれ、196本の「動き」のある木々が描かれます。

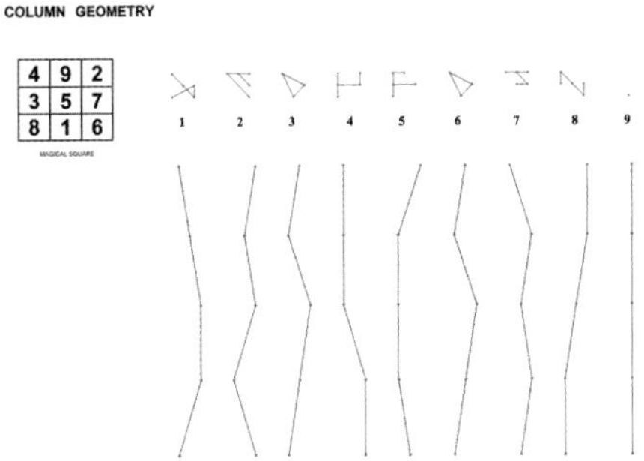

ルールに則りながら、一見ランダムで複雑な林ができ上がります。最後に敷地外形線で正方形の林を切り取り、林の一部が完成します。

私たちがいままで頼りにしていた「グリッド」や「純粋幾何学」には、安定的、完結的、絶対的な美しさがあり、それがプロポーションという言葉に置き換えられ、構成を決めるうえでのひとつの大きな評価基準となっていました。

一方、アルゴリズムのつくりだすこの「新しい幾何学」は、とても不安定で偏りがあり、動きをも内包しています。そこにはプロポーションという概念もありません。

「純粋幾何学」のもつ絶対的な「美しさ」に代わるこの「新しい幾何学」とは、いったいなんなのでしょう。

人がハンマーを投げるとき、そこで描かれる「フォーム」の軌道はひとつではありません。ハンマーの重さや自然条件、投げる人の癖など、さまざまな要因のネットワークによって、その瞬間、瞬間のかたちが決められていきます。

この運動過程の人体のように不安定な、しかし瞬間的には見事にバランスのとれた流動的な空間が、「アルゴリズム」によってつくられようとしているのです。

次頁＝ハンマー投げ・室伏広治選手（ミズノトラッククラブ）

2278

ディスカッション01

アルゴリズムをめぐって

なぜ、アルゴリズムを使うのだろう

伊東＿アルゴリズムのルールで建築をかたちづくっていくことに、どういう意味があるのだろう。

御手洗＿そもそもアルゴリズムというのは、自然の淘汰や進化の過程を数値化して数学的に解釈したものです。ある形にあるルールを当てはめていくと、その形がだんだん変化していく。それが、アルゴリズムの本来の定義になります。

伊東＿難しいな。辞書にはなんて書いてある？　辞書、辞書……。

森山＿『広辞苑』では、「問題を解決する定型的な手法・技法。コンピュータなどで、演算手続きを指示する規則。算法」。

伊東＿演算手続きを指示する規則。それ、わかりやすいね。

御手洗＿飛行機の形を決めるときにもアルゴリズムを使うらしいんです。

伊東＿じゃ自然界のアルゴリズムってなに？

御手洗＿たとえば花びらの色。その色の種類は遺伝的に無限の可能性があるけれど、蜂が寄ってきやすい、などの条件に合わせて最適な色に決まっていく。その仕組みが自然界のプログラミングで、その進化の過程を数学的に表現したのがアルゴリズムです。

森山＿なにかの目的に向かっていくんですか？

御手洗＿最適解に収束していくのがアルゴリズムだと思う。

伊東＿アルゴリズムは、コンピュータのルールをつくるときにできた言葉だよね。

プリミティブなコンピュータのプログラムをつくるための理屈。数式というよりも、こうなったらこっちへ行くという指示。

御手洗＿アルゴリズムは最適解を求めるためのものだったんですけれど、僕らが建築をつくるうえでは、こっちへ行ったらこうなる、というルールを全部描きだしたものをアルゴリズムと呼んでいるんです。もともとのアルゴリズムの考え方とは少し違います。

伊東＿田の字グリッドで空間を割っていくことをアルゴリズムと呼ばないのはどうして？

岡野＿田の字に割るというのは、単に空間を分割することだから、動きを指示するアルゴリズムとは違う。

御手洗＿ある解とその次の解をつなぐルールがないとアルゴリズムとはいえないんじゃないかな。

伊東＿まだ基本的なことがわかってないな。僕たちがわかっていないと、この本を読む人はまったくわからないよ。

セシル・バルモンドは、幾何学は運動だと定義して、その運動のルールとしてアルゴリズムが出てくる。たとえば木を例に挙げると、この枝がこう出たから次の枝はこう出るとか、次々に関係し合って発生してくる。セシルのいうアルゴリズムは、運動する線の方向や長さを決定するルールだと思う。僕らは正方形を純粋形だと考えるけれど、セシルによれば、正方形は一番特殊な形になってしまう。純粋幾何学とはなんだろうって話にもなるし、難しいな（笑）。

どうしていまアルゴリズムなのか。簡単なルールで多様に変化することが、アルゴリズムのおもしろさでしょう。たとえばサーペンタイン（52頁）は、正方形を回転させ拡大して重ねる動きを繰り返すというアルゴリズムによって成立している。

東＿Sプロジェクト（64頁）では、柱はまっすぐ立つだけの柱ではなくて、こっちにずれてもいいしあっちにずれてもいいというルールで成立している。それが動く範囲はあらかじめ設定されている。それは、多少の無駄が許容される範囲なんだけど、無制限ではない。

伊東＿木の成長と同じようなところはあるよね。あるバランスにはおさまるけれども、それぞれがそれぞれに伸びていったりする。人間もシンメトリーの状態で立っているのが一番安定しているはずだけど、人間は動くでしょう。運動はバランスを崩さないと始まらない。不安定さが次の不安定さを生みだす。その動きのある瞬間を切り取ったときにはバランスがとれている。つまり、ある瞬間の動きの形には最適解があるけれど、バランスを変えると別の最適解に移行する。だから最適解はないともいえるし、いくつもあるともいえる。そういう幅があるのがおもしろいと思うんだよ。それが準最適解ということなんだろうな。

東＿準最適解っていうのはおもしろい言葉だと思う。あるブレをもった解がありうるということ。

伊東＿そう。そういう建築を求めているのかもしれない。

環境が変わろうが、ある人間が生まれて死のうが、建築は変わらないという大前提があるから、正方形や円という純粋幾何学が一番美しいといわれてきたけれど、そうではない美しい建築があるのかもしれない。それが、僕らがいまやろうとしていることなんじゃないか。エコロジーや自然とのかかわりを建築が問うのであれば、純粋幾何学の建築ではなく、別の建築のありようを求める必要がある。僕らはそれをアルゴリズムを使って示そうとしている。

東＿建築の美学が変わってきている。

伊東＿変わっていないと思っている人がまだ大半でしょう。僕らがやろうとしていることは、違う美学もありうるという提案なんだよ。純粋幾何学の建築をつくると、自然と建築の関係は切れて、完全に人工的な空間をつくることになる。それはエコロジーやサスティナブルの論理とは合わないんじゃないか。エコロジカルな建築というならば、建築のよって立つ思想自体を変える必要がある。そこからアルゴリズムが始まる。

こういう建築を見ると、多くの人がそれを新鮮だと思うわけでしょう。いままでと違う建築だって。サーペンタインを見て、あんなに高い梁せいがあると思わなかったと言っていた人もいるけれど、グリッドでつくったほうが鉄骨量は少なくてすむだろうから、ああいうことをやるのは経済的には無駄かもしれない。でも、いままでの建築とは全然違うものに見えるのはたしかでしょう。

アルゴリズムを使うとどういう建築ができるのか。なぜアルゴリズムを使うのか。それをもっとわかりやすく言えるといいのだけど……。

アルゴリズムが生みだす美学

御手洗＿アルゴリズムのルールでつくった形は、自然がつくりだす形と近いんじゃないかとも思うんです。たとえば、花のつぼみのように、部分が展開していくことによって全体ができ上がっているという原理は、アルゴリズムとすごく似ているように見えます。その原理に美しさみたいなものを感じるのかもしれない。

ある運動のある瞬間を切り取ると、不安定な状態に見えるけれど、動き全体の流れという異なる次元で見てみると、それは安定した状態になっている。それが美しさなんだろうなと思いました。それがアルゴリズムのおもしろさのひとつだろうと。

伊東＿まずここで一番考えないといけないのは、建築と自然は決定的に違うということ。人間の身体もそうだけど、自然界のものは成長するわけだよね。成長するためのルールがある。でも、建築は成長しないわけだから、運動する原理でものを構成しようとしても、その動きをどこかで止める必要がある。アルゴリズムは不安定だけど、そこに安定した美学があると御手洗は言ったけれど、それは本当かな。スタティックにつくったほうが、安定した美といえるんじゃない？　むしろ、不安定だから美しいって言ったほうがいいんじゃないの？

御手洗＿動きのなかの一瞬を切り取ると、倒れてしまいそうに見える形も、全体の動きのなかで見ると、身体の重心がプラスマイナスゼロになって、ある意味安定した状態なんじゃないかと。

伊東__それが安定しているのかどうか、わからないよね。いや、御手洗を責めているわけじゃなくて、アルゴリズムでやっていることがそんなにすごいことなのかどうかというのが、僕らにもよくわかっていないわけだよ。

たとえば、走ろうとすると前に体重がかかる。それが不安定だから次の足を前に出さないと倒れちゃう。身体がバランスしない状態にあえてもっていくことによって、次の運動を呼び込む。それの繰り返しが「走る」という運動でしょう。サーペンタインでも、四角い枠をセットするけれど、その枠内で力が均等に流れないルールをあえて選ぶわけだよ。

セシルと議論していたとき、ランダムなものを発生させるのにアルゴリズムを使いたいというのは、むしろ西洋合理主義の極みじゃないのかって、彼に言ったんだ。そういう規則みたいなものがないと安心できないのかって。それで、彼はこう答えた。ランダムって言うけれど、恣意的に引いた線はむしろ慣習的なもの、人間が踏襲しやすいものになってしまう。アルゴリズムを使えば恣意性を介在させずにランダムさを発生させることができる。だからアルゴリズムを使うんだって。つまり、動きのルールだけを僕らが決めちゃって、あとは勝手に形が決まっていく。そうすることによって新鮮なものができると。それを聞いて、なるほどと思った。

庵原__ランダムとアルゴリズムの違いを考えるのはすごくおもしろい。

サーペンタインを初めて見たとき、僕は学生だったんですが、こんなランダムな線を引いて建物がつくれるのだとみんなで感動していました。それからしばらく、みんなランダムな線を描いていたんだけれど、ランダムに描くと、必ずどこかに目立って変なところが出てくる。それをなくそうとまた線を加えると、どんどん汚くなっていく（笑）。だから、ランダムにつくるのはなかなか難しいと思っていたんだけど、事務所に入ってよく聞いてみると、アルゴリズムというものによってそのランダムさを実現しているのだとわかった。

伊東＿建築の原理は水平・垂直で構成してきたわけだけど、僕らはいままでとは別の幾何学で、流動的な形をつくる論理をつくりたいというのがあるわけだよね。そのひとつの方法として、アルゴリズムという概念でやったらどうかと。

アルゴリズムは運動を規定する、つまり動き方の方程式みたいなものでしょう。どれだけ進んでどう曲がれ、どう回転しろという、動きを規定するルールをつくることで従来の幾何学とは違う形態をつくりだす。でもその動きが無限に広がっていってしまうと、建築のバランスがとれないから、ある枠を設定してバランスをとる。アルゴリズムというのは、音楽の作曲と近いのかもしれない。あるルールで音を決めていって、それをある一定の枠内で、少しずつ動かしていく。それは完全にスタティックなつくり方より難しいし、鉄骨量が増えたりして明らかに経済性はない。それでもやろうという気持ちがあるわけでしょう。

20世紀の建築は、それ以前の古典主義の建築に比べれば、不安定な状態をつくりだそうとした。ミースはバルセロナ・パヴィリオンでその原型を出したわけだけど、僕らはそれよりもっと不安定な状態をつくりだそうとしている。それは、従来の幾何学ではできないことなんだ。

04

CONCRETE TREES

コンクリートの森

TOD'S

東京、表参道。
ガラスばりの
きらびやかな
建物が建ち並ぶ
ケヤキ並木通り沿いに、
ランダムな
直線を描く
コンクリートに
おおわれた
建築があります。
その外壁は、
まるで木のパターンの
ように見えます。

TOD' S 表参道ビル

近寄って見上げると、
コンクリートの「枝」の
質感や厚み、
そして窓に映る青空が、
つるっとひとつの表面に
おさまって、
不思議な感覚です。

この建物は、あるイタリアブランドの靴と鞄のショップです。
6面の外壁がすべて、木のパターンでぐるっとおおわれているので、
脇道からでも見つけることができます。
さまざまなブランドのショップが建ち並ぶこの通りで、
目立ちつつブランドの特徴を示すことが、
この建物に求められました。
イコニックな木のパターンは、建物のプログラムとも関係があるのです。
素材感のあるコンクリートを使って木のパターンを描くことは、
天然の皮を使った手づくりの製品を提供するという、
このブランドのスタイルに呼応した
提案でもあります。

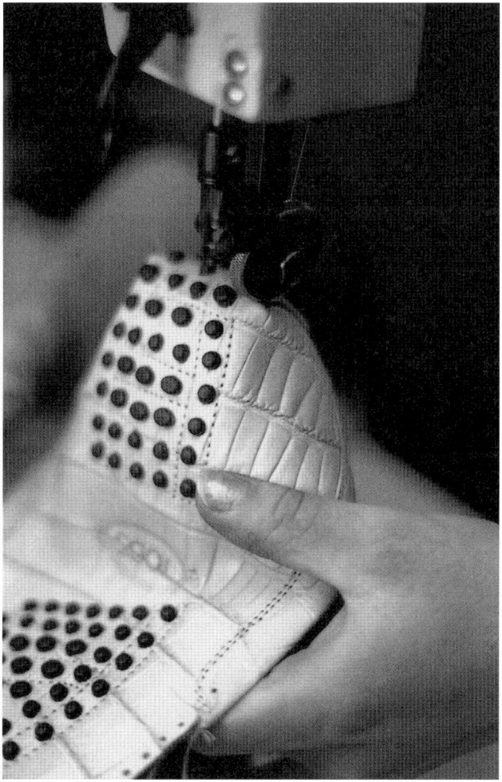

屋内面の外壁鉛直方向垂直応力度(kN/mm^2)

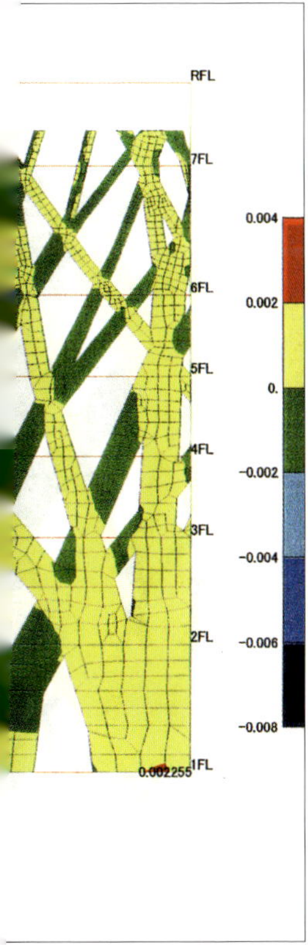

コンクリートの木は
構造体でもあります。

太い幹が成長するにつれ、
細い枝に分かれていくという木の形は、
構造的にも理に適っています。
ここでは木の形が重ね合わせられ、
ネットワーク状のストラクチュアが
構成されているのです。

また、建物の地下にダンパーを
設置し、免震構造にすることで、
鉄筋量を減らすこともできました。

こうした複雑な形状の構造体をつくるのは、
とても大変なことです。

なるべく配筋が複雑にならないよう、
「枝」は多くても３本までしか交差しません。
積み木のような型枠は工場でつくり、
現場で堅固に組み合わせます。

型枠と配筋

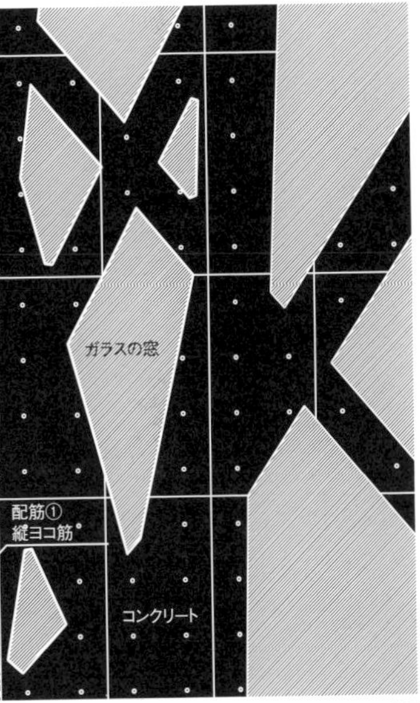

ガラスとコンクリートの立面

高流動コンクリートの打設後、型枠をはずし、
ガラスを象嵌（ぞうがん）して窓をつくります。サッシュは使わず、
コンクリートとガラスのみでファサードが構成されています。
表面をツライチでつるっとおさめるためにも、
高い技術が必要です。

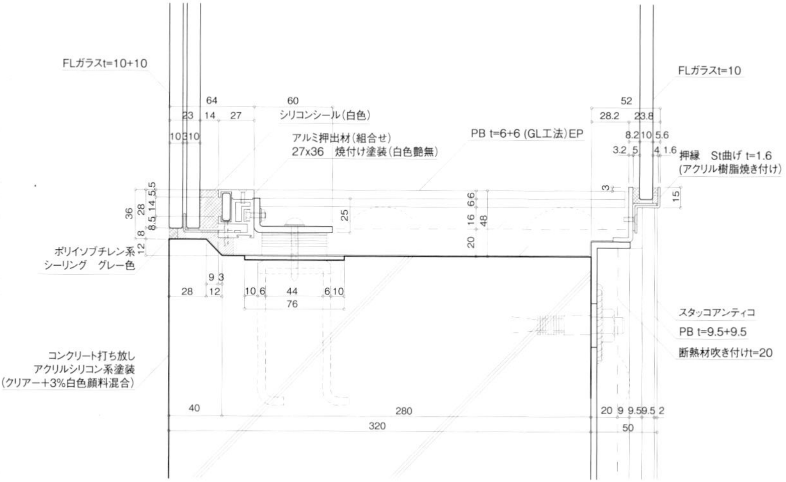

ガラスとコンクリートのおさまりのディテール

ここは、
職人たちの
高度な技術に
よって生まれた、
力強い
コンクリートの
森なのです。

開口率

6F：48.9%
5F：43.4%
4F：41.9%
3F：35.8%
2F：32.9%
1F：29.5%

コンクリートの森に入ると、
そこは木の幹のほら穴のような
落ち着いた空間です。
そして上階へ移るにつれ、
外壁の「枝」は細かく分かれ、
空間に光が満ちてきます。

「木」という具象的なイコンを、
高度で繊細な技術によって仕上げることで、
抽象性も孕んだ表層が生まれました。
この表層は同時に力強い構造体なのです。

内部はクライアントの意見が色濃く反映されていますが、
どんなインテリアが入ろうとも、
生き生きとした空間と
リアルな建築そのものは変わらない。
コマーシャリズムの時代だからこそ、そんな強さを、
建築はもたなくてはならないのです。

05
STEEL SHELL

スティールの囲い

MIKIMOTO Ginza 2 ビル

2005年冬、東京、銀座3丁目の一角が、
ピンク色の四角い幕で囲われました。

その幕は、大きなシームレスの
スティールの面による囲いです。
幕のなかには、9枚の水平な床が積み上げられています。
床の上では、華やかな都市の宴が繰り広げられています。
しかし、都市のなかに挿入された
このスティールの囲いは、それとは無関係に、
私たちに生々しい力強さを感じさせます。

それらは、どのようなプロセスで実現したのでしょうか。
そして、この建築は都市に対して
なにを投げかけているのでしょうか。

内部はジュエリーのショップ、レストランといった商業的な施設です。壁は「鋼板コンクリート構造」。12mmまたは9mmの鉄板でコンクリートをサンドイッチするという新しい構造システムです。ここでは、構造体でありファサードでもあるという、スティールの新しい使い方を試みています。

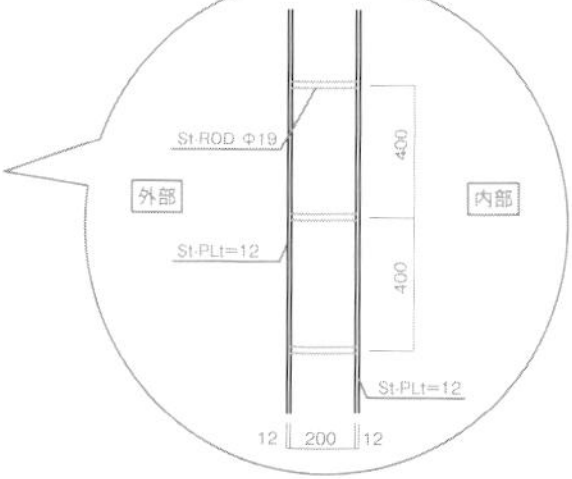

外壁の開口は、内部の機能とは無関係に、床を横断し、
自由に開けられています。

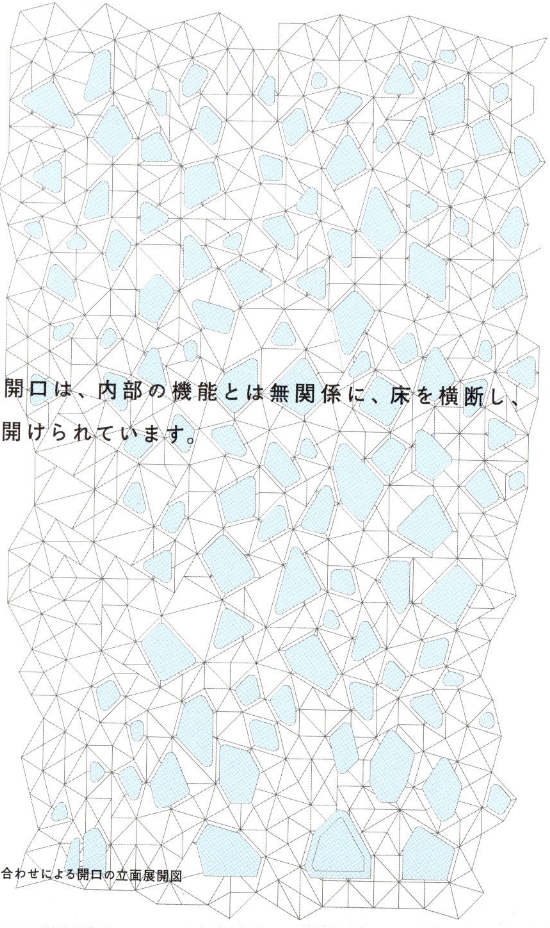

三角形の組み合わせによる開口の立面展開図

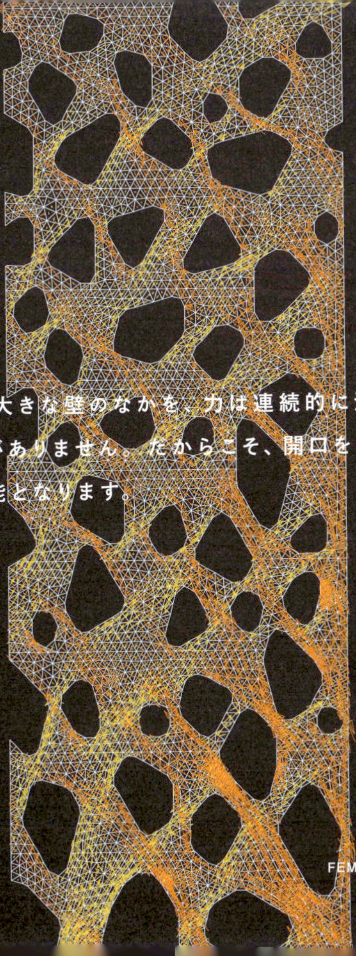

厚さ200mmの大きな壁のなかを、力は連続的に流れ、
分節されることがありません。だからこそ、開口をランダムに
開けることが可能となります。

FEM解析図(オレンジは圧縮力、黄は引張力、長さは強さを示します)

外壁の鉄パネルは、工場で製作されます。

厚さ 12mm（上層部は 9mm）の 2 枚の鋼板がスタッドボルトで連結され、厚さ 200mm のパネルがつくられます。トラックで運搬することを考慮し、幅 2400mm、高さ 4500 ～ 5000mm を 1 ユニットとしています。パネル表面に水をまき、平滑度を確認します。

現場に運び込まれた鉄パネルは下から上へと建てられます。

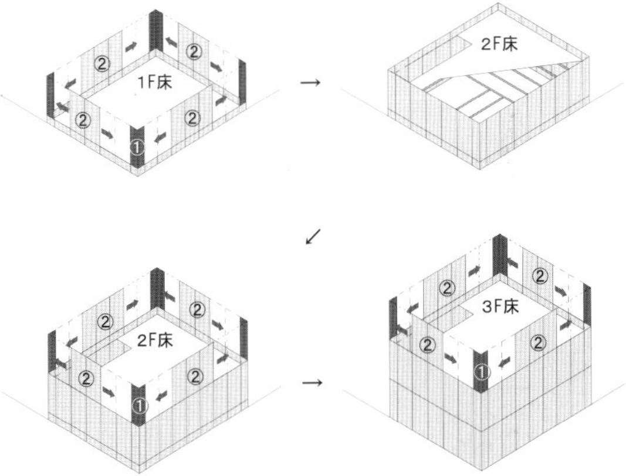

鉄パネルは1層目から上層へ順々に並べられ、13日間かけて1層分が建てられます。

INTEMPS

深夜、銀座マロニエ通り。
外壁パネルの建て込み現場を取材しました。

OLやサラリーマンが急ぎ足で帰宅するなか、
クレーン車が通りを占拠していました。
あたりにはスティールを削る音が鳴り響いています。
職人が溶接盛りをグラインダーで削り、
パネル表面を滑らかにしている音です。

突如クレーン車が大きな音をたてて動き出しました。

ぐんぐん上昇し、銀座の夜空へ。

なかに入った鉄パネルは上手に回転し、おさまるべきところにおさまりました。

2トンもあるパネルが軽々ともち上げられ、

次の瞬間、白い仮囲いのなかへ入って見えなくなってしまいました。

1枚あたりわずか20分の出来事でした。

現場に運び込まれたパネルを溶接してシームレスな鉄の大壁面をつくり、コンクリートを充填します。パネルの継ぎ目をなくし、「躯体＝仕上げ」を実現するためには、高い精度の溶接が要求されます。

2 層目のパネルの建て込み

この特殊な工法を実現するために、パネルのモックアップが何枚もつくられました。2枚のパネル（捨て型枠）の間にコンクリートを充填します。溶接によるひずみや溶接後のジョイント処理、塗装などさまざまなチェックがモックアップによって行われたのです。こうして大壁面を構成できる強度をもつ薄い壁がつくりだされたのです。

パネルのモックアップ

高度な技を駆使したのは、溶接鍛冶職人の霞さん。

左が霞利夫さん、右は藤鉄工の山城達吾さん

溶接作業はふたつのフェーズに分かれます。まずはパネル同士の仮接合。パネルの内外から溶接が行われます。次にコンクリート充填後の固定溶接。深夜はパネルの建て込み作業、日中は、ひたすらその微調整です。パネルのあばれがでないように押したり引いたりといった繊細な作業を効率よくこなすために、霞さんはたくさんの道具を開発しました。それらは、特許を取得できるほどで、作業を楽にしてくれます。

左：パネル間の溶接

右：グラインダーに磁石とコイルを取りつけ軽々と動かせるようにした道具

パネルのあばれを引張って調整する道具

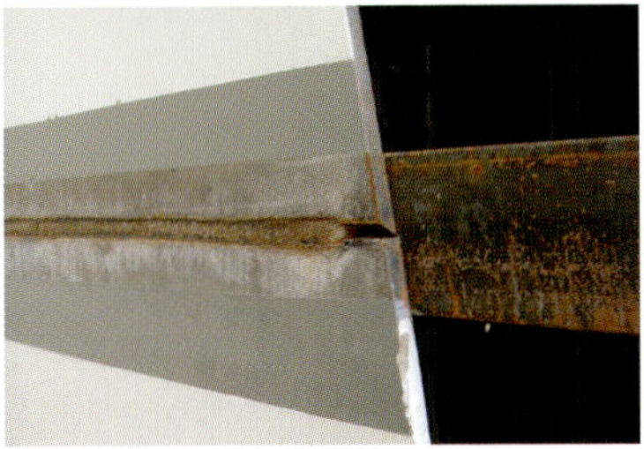

溶接後、グラインダー処理をする

鹿狩りが趣味で、休日は生き物を相手にしている霞さんは、「鉄も生き物だ」と言います。経験のある職人にしか予測できないわずかな鉄の伸縮。5人の職人が30分かけて行うコーナー部分の溶接の微調整を、霞さんはひとりで10分で仕上げます。この作業は、霞さんの鉄を見る目にかかっているのです。

溶接された壁面をグラインダーで繰り返し研磨することで、
その継ぎ目は平滑になっていきます。

グラインダー処理後、エポキシパテでさらに継ぎ目を平滑にし、塗装下地を
つくります。こうしてパネルの壁は、とことん平滑な面に仕上げられたのです。

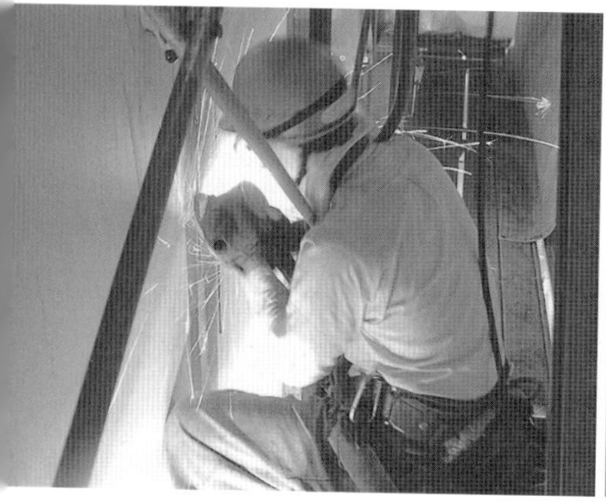

平滑に仕上げられた下地の上にピンク色の塗装をし、最後にパールの塗装が施されます。塗り継ぎ目地ができないよう、細心の注意が払われていました。

現れた壁面は見事にシームレスなピンク色。

鉄板1枚1枚を平滑にし、継ぎ目を消していくことによって、徹底的に平滑な面と、「盆の上にこぼれた水滴」のような開口が生まれました。

スティールで「平滑な壁」と「自由な開口」を徹底させること。
それは、東京という流動的で変化の激しい都市で、
いかにして建築がそれに耐える強さをもつか
というテーマの、ひとつの解答なのではないでしょうか。

MIKIMOTO
BOUTIQUE
MIKIMOTO
BOUTIQUE

06

STEEL HUT

スティールの小屋

現在の高円寺会館
Times
JR 高円寺駅
杉並芸術会館の敷地

小・中学校、住宅、商店、葬祭場などが
密集して雑然と建ち並ぶ、東京、高円寺の一角。
JR 中央本線の高架と環状7号線に囲まれた
この場所には、現在、高円寺会館が建っています。
ここに、新たな劇場をつくることになりました。

敷地の周辺環境は、決してよいとはいえません。
そこで、薄い鉄の幕であえて閉じることにしました。
かつてのサーカス小屋のように、
秘められたあやしげな空気が漂います。
通りかかる人たちは、鉄の幕のなかをつい覗いて
みたくなるのではないでしょうか。
なかはどうなっているのでしょう。

杉並芸術会館

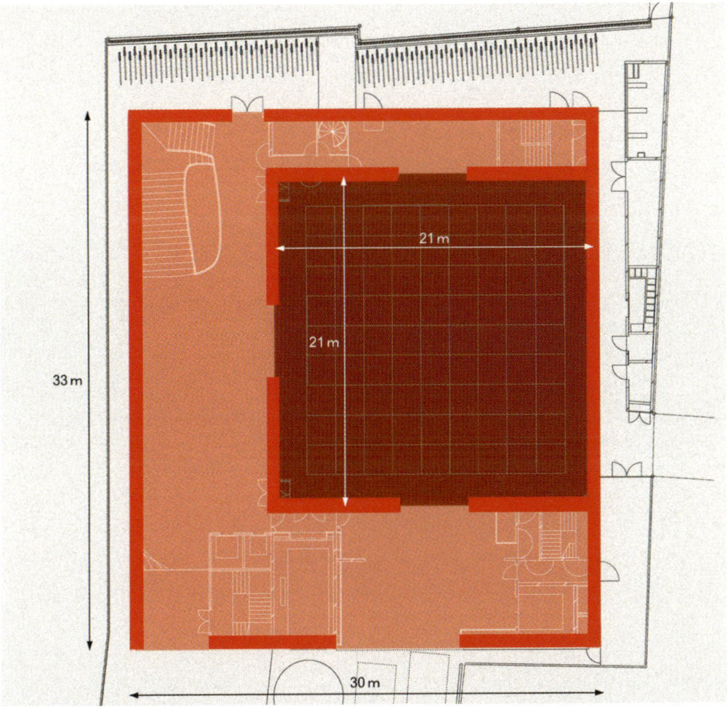

波うつ屋根のもっとも高い頂点の下に、鉄板の壁で囲われた劇場があります。
鉄で囲われたふたつの空間が、入れ子状に構成されているのです。

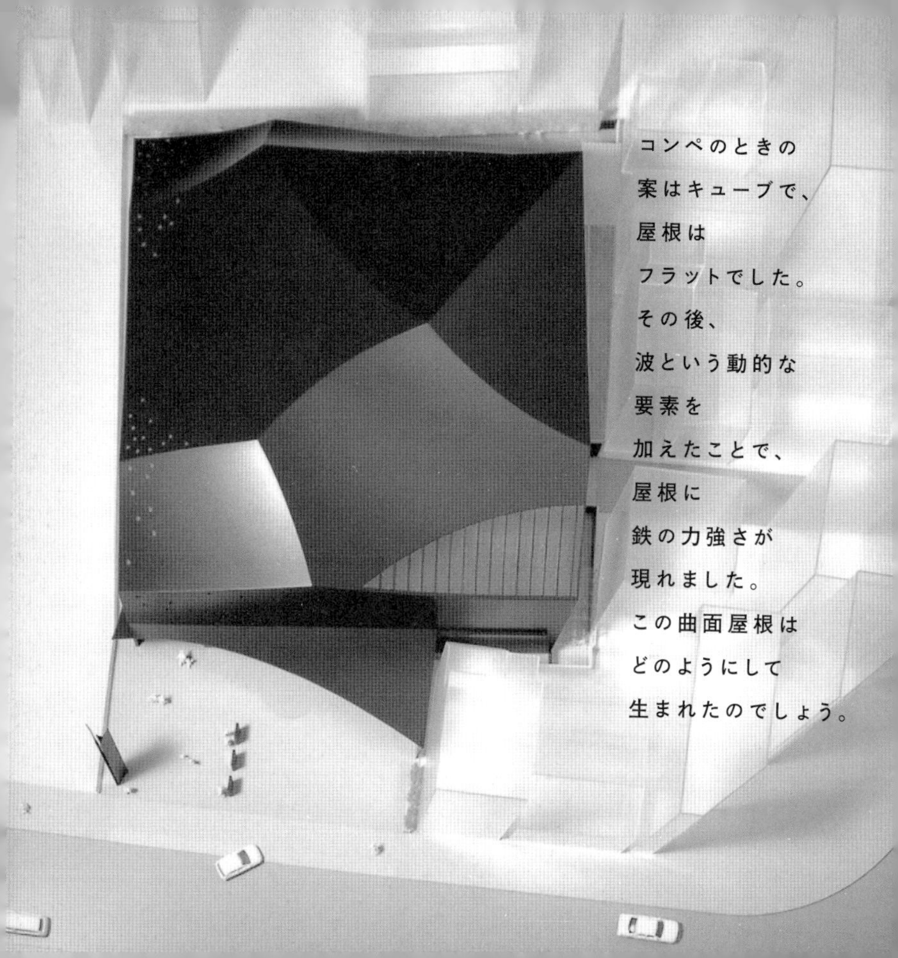

コンペのときの
案はキューブで、
屋根は
フラットでした。
その後、
波という動的な
要素を
加えたことで、
屋根に
鉄の力強さが
現れました。
この曲面屋根は
どのようにして
生まれたのでしょう。

劇場に
必要な高さを
保ちながら、
さまざまな
スタディが
試みられました。

円錐や円柱でキューブをくり抜くことによって、波をつくろう。
スタディの結果、こうした方向が導かれました。
ひとつの円錐の角度と方向、位置が決まったら、次の円錐を決める、
というように相対的なバランスをとりながら、
さまざまな波がぶつかり合うような形が生まれたのです。

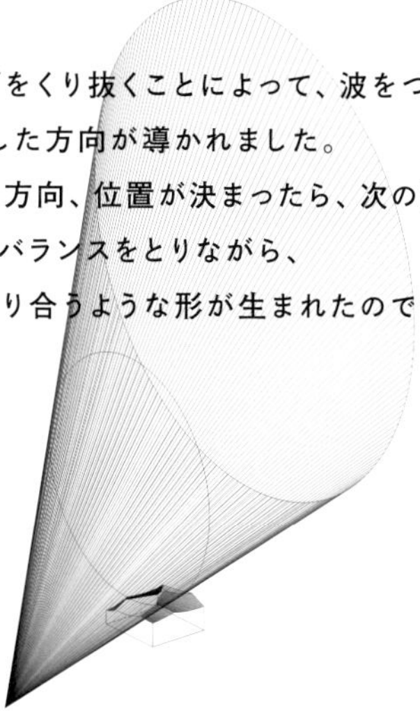
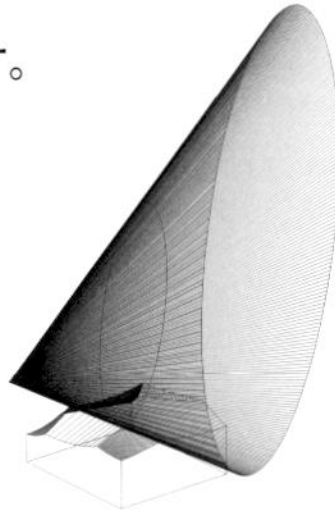
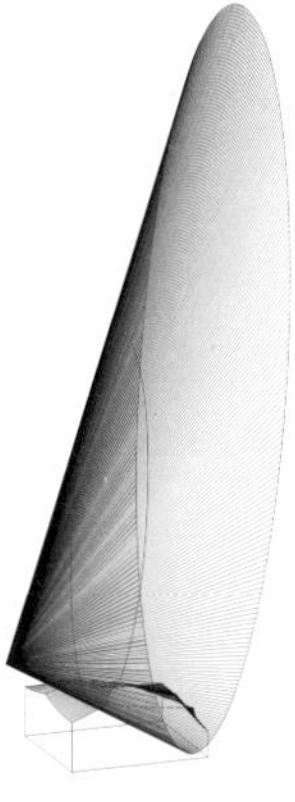
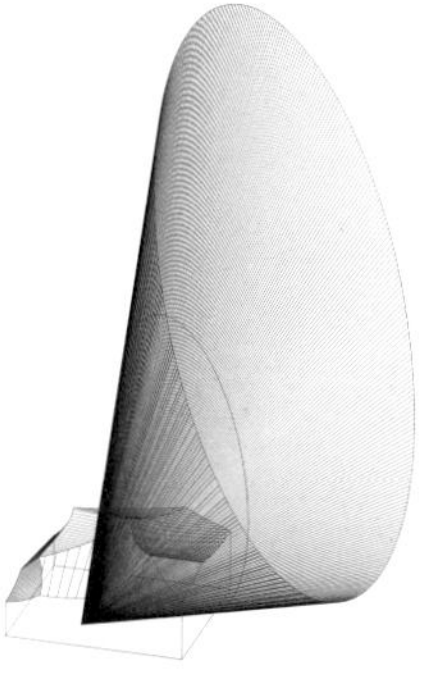
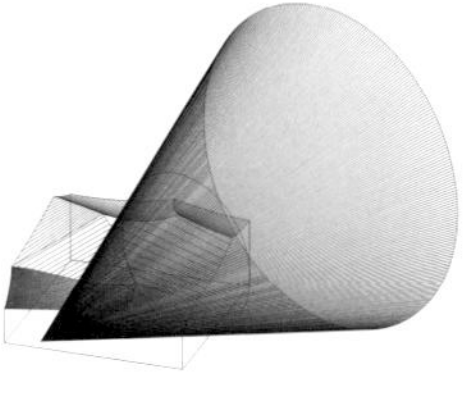
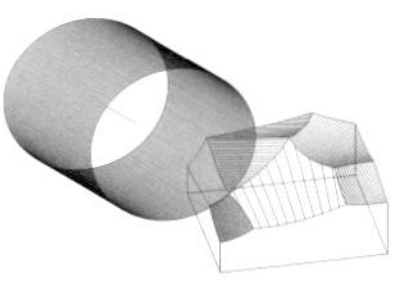

鉄の曲面屋根はMIKIMOTO Ginza 2の壁と同様に、
鋼板とコンクリートを組み合わせてつくります。しかしここでは、
片面(外部側)のみ鋼板を使います。

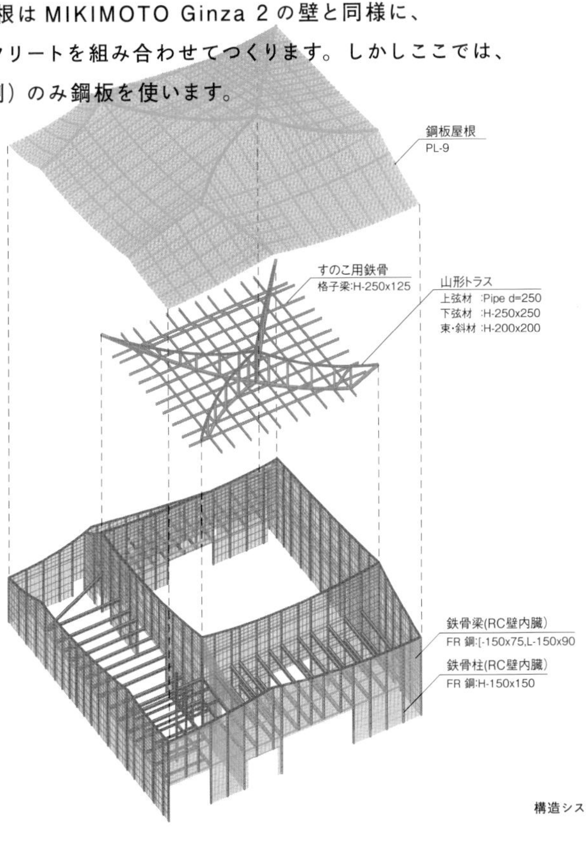

構造的に負荷のかかる部分は、
リブプレートで補強します。

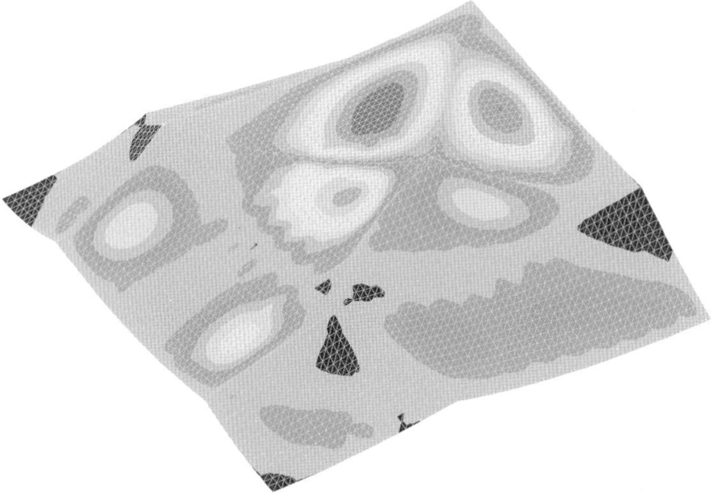

鉄板＋コンクリートの屋根荷重鉛直変位。壁と接していない大きな面の中央は、変位が大きくなっています

コンピュータで解析された鉛直変位をもとに、リブプレートを適切に配置します。

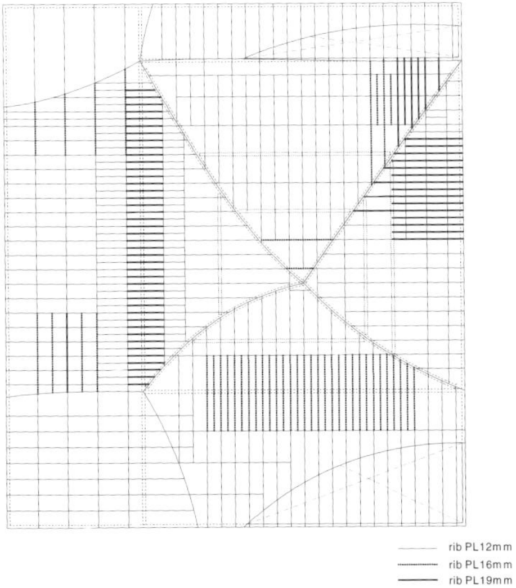

屋根部リブ配置図。壁と接して固める部分に特に多くのリブが配され、リブの上に厚さ9mmのプレートを溶接します。溶接で曲面を形成後、厚さ141mmのコンクリートを曲面鉄板の下面に打設します

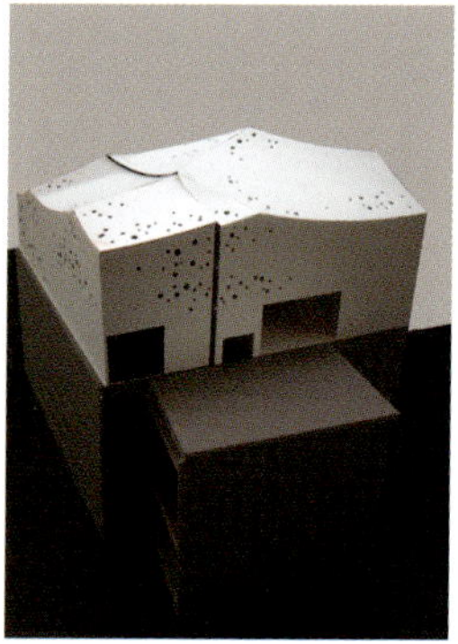

2F
ホワイエ
1F
B 1F
ホワイエ
B 2F
B 3F

鉄で一体となった屋根と壁の内部は、
地下３階まで空間が展開しています。

薄い鉄の壁に開けられた入り口を通り抜けて建物に入ると、
外観の鉄の強い印象から一転、やわらかい空気に包まれます。

断面

ホワイエや搬入ヤードには、直径300mmの無数の丸穴を通して自然光が浸透してきます。ここは、外部と劇場を段差なくつなぐ緩衝空間です。

ホワイエ

ホールA内部

ホワイエから薄い鉄の壁を抜けて劇場に入ると、
屋根の波の高さは最高レベルに達し、
大きな気積のある空間が現れ、
場の密度が高まります。

都市のとりとめのない場所を
鉄の幕で区切ることによって、従来の劇場にはない、
新しくて魅力的な出来事が生まれてくるような、
エネルギーを秘めた場をつくりだしたいのです。

インタビュー01

場の強さ

佐藤信（演出家）　聞き手＝岡野道子

劇場というよりも、広場

岡野＿杉並芸術会館は、佐藤さんをはじめとした演劇の専門家によって構成される検討委員会の方々と議論をしながら、設計が進められています。佐藤さんは、劇場という場の理想をどう描いているのでしょうか。

佐藤＿1966年、僕らは六本木にあるガラス屋の地下に「自由劇場」をつくって活動を始めました。当初、そこにどん帳や袖幕もつけていたんだけど、30坪程度しかない小さなスペースだったから、実際に芝居をやってみると客席との距離が近くて、実はどん帳なんていらないことがわかった（笑）。それで、必要のないものをどんどん外していったんです。そうして到達したのが、なにもないブラックボックス。劇場というのはなにもなくていいんだと、そのときわかったんです。

そのブラックボックスの可能性を絞りつくしたあと、劇場もなくしてしまったらいいんじゃないかと思って始めたのが黒テントです。都市のなかに劇場を突っ込んでいくというイメージですね。見慣れた街でも、テントを張ると様子がガラッと変わる。それは劇的なことでした。

それも、なにか由緒のある場所より、むしろ都市の隙間にあるような殺風景な場所でやることが好きでしたね。再開発される前の品川駅周辺では、長いことやっていました。なにもない広場でも、盆踊りのやぐらを立てるだけで求心力が生ま

黒テント

れますよね。殺風景なところに立ったテントの幕を入った瞬間、そこにまったく違う空間があるというのがおもしろい。

テントはまわりの「かたいもの」をなにひとつ壊さずに立てることができるけれど、テントが存在することによって、「かたいもの」が変わっていくんです。再開発途中の新宿西口にテントを立てたときは、一瞬にしてそのあたりがいかがわしい雰囲気になった。テントそのものは、25m × 25m くらいなんですけどね。そこには、まわりに建つ高層ビルを吹っ飛ばすくらいの、場の強さがありましたね。でも、演劇が終わるとそこにはなにもなくなってしまう。新宿駅から新宿副都心を通っても、そこには跡形も残っていない。まるで夢だったかのような気持ちになる。

岡野＿杉並芸術会館の敷地も、商店街から少し離れていて、小学校や店舗、住宅など都市に必要なビルディングタイプがひと通りあるんだけど、どこか混沌としていて、とりとめのない場所ですよね。

佐藤＿僕は好きですよ。ああいうところが変わっていくとおもしろい。

岡野＿杉並芸術会館はテントのような形をしていますが、屋根や壁は鉄板で、テントのように外部環境を内部に微妙に映しだすほどの薄さはありません。でも、外部とフラットにつながる大きな開口部があって、外部が徐々に内部化されている。はっきりとした境界線はありません。

佐藤＿そうですね、段差なく内部に入れるし、外にも出られる。劇場に必要な設備が準備されているから、芝居をすることもできるけれど、それだけじゃない。街に開かれた「広場」なんですね。僕はそんなイメージをもっています。

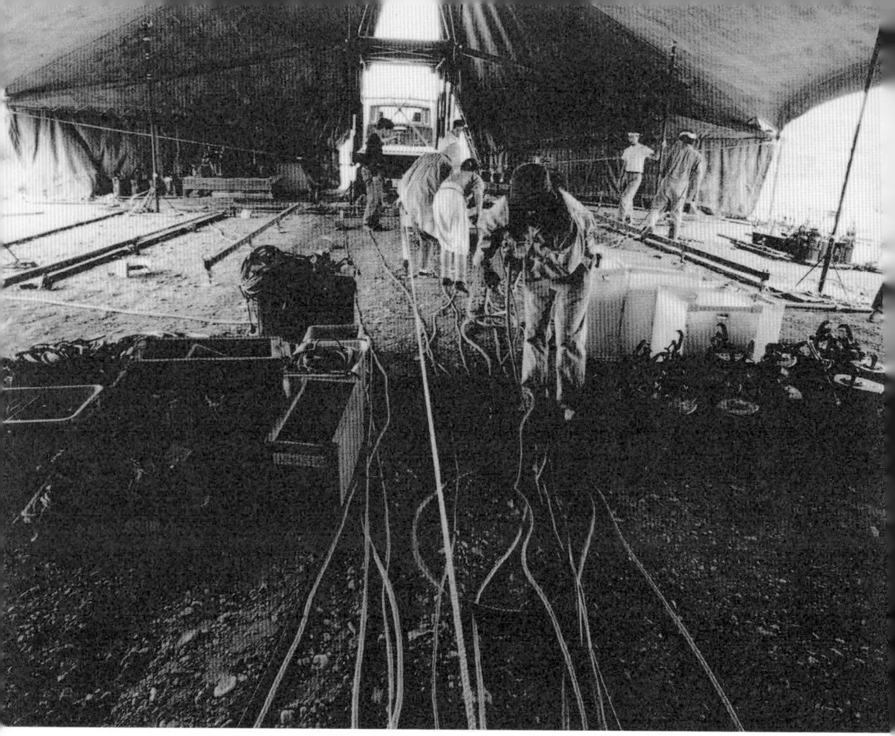

黒テントの内部

一方で、伊東さんがコンペのときにおっしゃっていた「あえて閉じる」という考えには僕も共感しているんです。いままでいくつかの劇場や文化施設の設計にかかわってきたけれど、街のなかの隙間としてつくるべきだといつも言っています。商業施設や広い原っぱのように誰にでも開かれた場所はおもしろくない。遊びの空間には、そこに入るための「くぐる」という行為が必要だと思うんです。まわりに鉄柵があって、それをくぐると、その先に広場がある。そういう区切られた広場のような劇場がおもしろい。劇場というのは、実はどこでも可能なんです。街のなかに円を描けばそこはもう劇場だし、そこに人が出てきて「なんて暗い夜だ」と言えば、その場は夜になる。線を引いたり、まわりの人たちと違う衣装を着ることによって場が区切られ、そこに現実と虚構の二重空間が生まれるんです。

杉並芸術会館は、限りなく劇場から遠ざかっていいと思っています。オープンしてしばらくは、あえて劇場としてではない使い方を試してみてもおもしろい。普段、劇場には足を運ばないような人たちが来てくれるような企画を半年くらいやってから、芝居をやる。「ここは劇場にも変わるんだ」と思われるくらいがちょうどいい。劇場というより、いろいろなことができる広場として認知されたいですね。

建築の孕む時間と演劇の残す記憶

佐藤＿キューブだったコンペ案が、どういう経緯でいまの形に展開したんですか。

岡野＿コンペが終わってから、キューブという幾何学でないものでつくれないか考えたんです。一時は3色パンみたいな形態になったこともあったんですけど(笑)、スタディをしているうちに、屋根にカテナリー状の稜線をつくってより流動的な形態にしていくことになりました。最終的にホールの上を高く保ちながら、いろんな方向から円錐や円柱でキューブをくり抜きました。円錐同士の位置や角度や大きさの相対的な関係を調整しながら、徐々に形態を決めていったんです。

佐藤__コンペのときはキューブの提案に見えたこともあって、僕は伊東さんの案に反対していたんだけど(笑)、その後の案を見たとき、このゆるめかたはすごくいいなあと思いました。この案は住民から100%支持されたんですよ。僕は伊東さんがキューブにこだわっていないことに驚いた。

コンペ後の最初の打ち合わせのとき、僕はいろいろ意見をもって行ったけれど、話をしているうちにこのままではいろんな意見を折衷したつまらないものになってしまう。これをいいものにするためには、先入観を捨てて、伊東案に真正面から取り組んでみようと考え直したんです。僕自身、劇場をつくるということにとらわれすぎていたところもあったんでしょうね。伊東案を見ているうちに、劇場をつくるという考え方をやめて、劇場もつくれる場所をつくるんだと考えたら、ばさばさプランが解読できた。

演出という仕事はハードとソフトの境界線上にあると思うんですが、建築家もソフトの部分に入ってくるし、僕も建築というハードに突っ込んでいくという関係をもちながら、設計を進められたらおもしろいですね。

岡野__演劇と建築が似ていると思われる部分はありますか。

佐藤__空間をつくるという意味では、演出家も建築家も同じですね。ただ、劇場は公園や都市のなかでも、「区切る」ことによってつくれるけれど、建築はいったん建つと下手したら千年もつからね(笑)。それは大きな違い。

でもだからこそ、新しい建築をつくるとき、その新しさをどのくらいのレンジでとらえるのかが重要ですね。100年後にも古びないものをつくろうと思えば、そこにどういう時間を孕ませるか考えなくてはならない。建築家の向き合っている時間の長さと質が、僕らと違うところなんでしょうね。演劇は記憶なんです。僕らはどうやって人々の記憶に残すか考えながら演劇をつくる。でも、建築はライフサイクルが長いから、むしろ記憶を喚起させるものなんでしょうね。

伊東さんの建築の好きなところは、デザインがデザインとして完結していないところです。合理的であることは美しいデザインであるという機能美が、これまでよしとされてきたけれど、伊東さんのデザインはそこで完結していなくて、使われ方によって変容していく。他者を受け入れる隙間があるというか、住み手を規定しないというか……。伊東さんは、時間を孕んだものをドスンと提供しようとしているように思ったんです。建築をそこで完結させようとすると、ユーザーの意見をいろいろ聞く必要があるけれど、伊東さんの場合は、ユーザーの意見を聞く必要がないのかもしれない。

欧米の人から日本の劇場は使いやすいといわれますし、世界的に見ても現在の日本の劇場建築は高い水準だと思います。だからこそ、社会状況が変わっていくなかでも展開できる劇場をつくってみたいですね。劇場という機能をもちながらも、文化セクター的なものに移行できるもの。杉並芸術会館は、空間を変容させる装置を隠しもった広場という、いままでにない劇場になると思います。

07

ALUMINIUM HOUSE

アルミニウムの家

桜上水 K 邸

「アルミニウム」の冒険。

それは東京の住宅街にできた夫婦のための家から始まりました。

日本で初めて、アルミ造の家がつくられたのです。

「アルミで家をつくろう」

それは、柱、床、壁、屋根の構造すべてをアルミでつくること。
柱は細く、複雑な断面形をしていて、窓のサッシュと一体につくられます。
ほとんどの部材は、職人ふたりの手で運ぶことができます。

十字断面の柱芯材に、座屈を防ぐための
柱カバーを取りつけます

柱は構造体であり、サッシュの一部でもあります

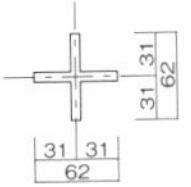

柱芯材

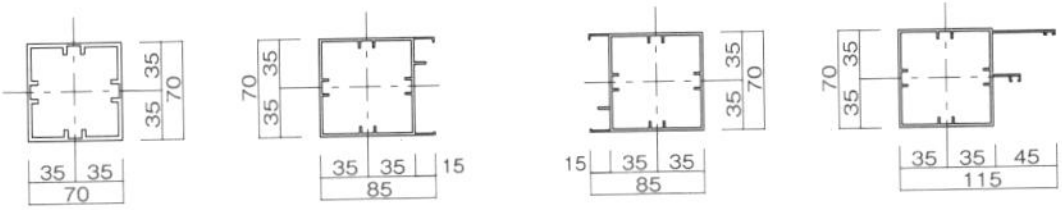

柱カバー

壁も外壁の仕上材であると同時に、地震に耐えるための構造材でもあります。
構造が組み上がったとたんに大方の仕上げまでできてしまっているのです。
アルミだけができる、建築のつくり方があるのです。

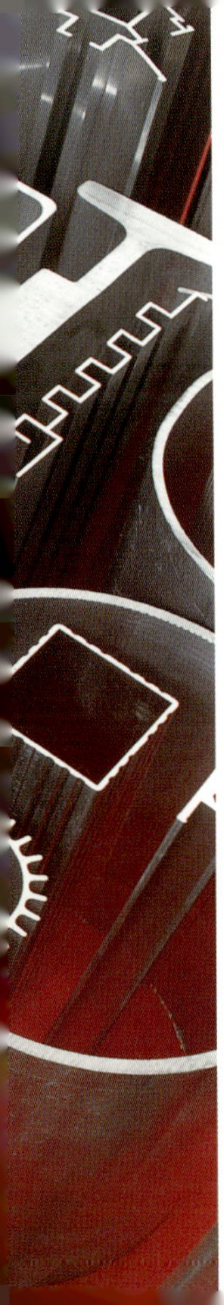

アルミニウム。

それは軽さであり、滑らかさであり、鈍い光沢感であり、やわらかさであり、そして涼しさです。まるで上品な布のようです。
こんな素材でつくられた服があったらいいかもしれません。

でも、アルミはとても高価です。だからなるべく少量で、最大の効果が得られるような形を考えなくてはなりません。

その答えのひとつが押出成形です。
とても複雑な断面形をしていて、アルミを金太郎飴のように押し出します。高い精度で自由な断面をつくりだすことのできるアルミの押出成形。この複雑な断面の形には、実にさまざまな機能が組み込まれているのです。

こうしてできる押出形材を組み合わせて、さなざまなものをつくりだします。これが、アルミの特性をうまく使ったつくり方のひとつなのです。

複雑な断面形状をもった形材が1回の押し出しで製造されます

石田保夫さん

そんなアルミの姿に魅せられた人がいました。石田保夫さんです。
石田さんは建築を勉強した後、「SUS」という会社を立ち上げ、アルミでFA（Factory Automation）のための機械装置をつくりました。常にアルミを挑戦的に使ってきた石田さん。今度はアルミで建築をつくろうと考えたのです。

石田さんは楽しそうに言いました。
「まだまだ赤字ですけどね。僕のイメージするアルミの家は、とにかく明るい。庭と一体となり、木々に囲まれていて、ガラスの窓からたくさんの光が入ってくる。そんなさわやかな部屋で朝食をとる。それが僕のアルミの家なんです」
石田さんはアルミがかわいくてしようがないのです。

そんな石田さんといっしょに、アルミだからこそできる、アルミの特性を活かした建築をつくりました。

sudare

とある屋外イベントの展示ブースのひとつとして、アルミのコンテナがつくられました。まわりに置かれた四角くて硬い、重くがっちりとした鉄のコンテナとは対照的に、それはまるくてやわらかくて、とても軽そうに見えます。

押出形材にワイヤーを通し、緊張させてつなぎ合わせる「簾」のような構造でできています

スモークをかけながらも明るく、そして鈍く光るそれは建築？　それとも家具？　公園のなかに不思議な場所をつくりだしていました。

この形は、どのようにつくられたのでしょうか。

押出成形でつくられた曲率の異なる
3種類の部材が、90本並べられています。

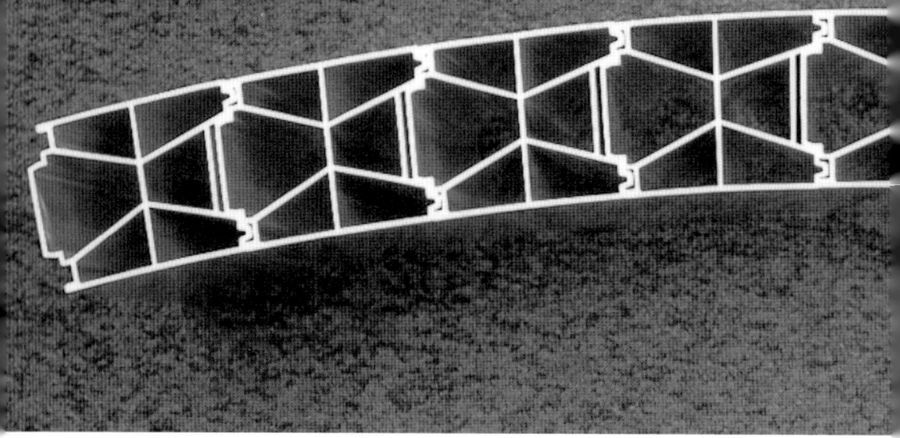

並べ方を変えることによって、
いろいろな形をつくることができます。

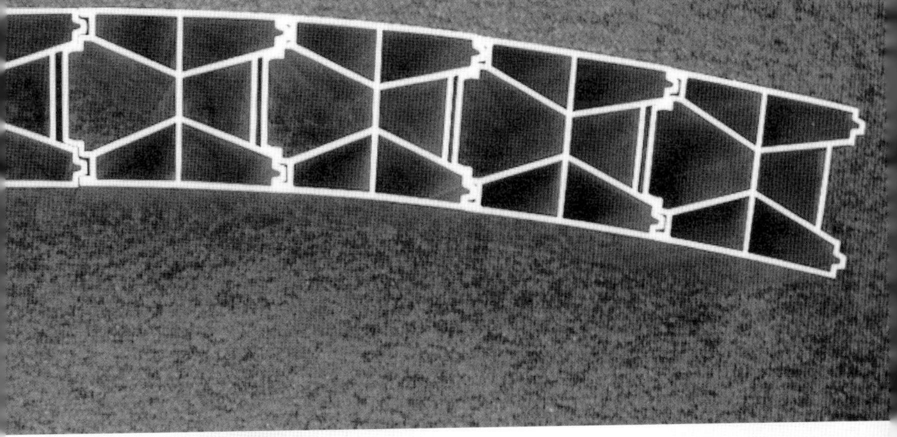

押出形材を縦に並べた、アルミのトイレもできました。
湾曲した1種類の押出形材ですべての曲面壁ができています。
つるつるぴかぴか、いつもきれいなトイレです。

アイランドシティ中央公園　便所

自然に囲まれた緑豊かな場所に、
大きな「アルミの家」もできました。
これはSUSのアルミ工場で働く人のための
社員寮です。

SUS 福島工場社員寮

内部は、湾曲した２種類の押出形材が並べられて、
壁がつくられています。15 列あるその壁は、９つの居室、ゲストルーム、
食堂、図書コーナー、トレーニングコーナー、ギャラリースペースなど、
空間を分けつつも、緩やかにつないでいます。
アルミのやわらかさのもつ、居心地のいい場所が生まれました。

石田さんはいま、また新しいアルミ建築の姿を描こうとしています。
それはシックハウス症候群患者のための家。

シックハウス症候群とは、人工物に含まれる化学物質に過敏に反応してしまう、現代社会が生みだした病気です。化学物質は、コンクリートやフローリング、壁紙といった、家を構成するほとんどの建材に含まれています。こうした化学物質の影響が少ない家をつくるには、自然素材を用いるのが一般的です。しかし石田さんは、あえてアルミという人工物でつくろうとしているのです。

アルミは電気分解によって精錬される極めて純度の高い物質で、有害な化学物質は含まれません。構造も仕上げも窓のサッシュもすべて、アルミでつくれば、とてもピュアな建築が生まれるはずです。

アルミでつくる建築。
そこには、自然素材で建築をつくる以上に、人にやさしくピュアな環境をつくれる可能性が秘められているのかもしれません。

08
FURNITURE

手の
家具

触れた瞬間、
指先からふわぁっとした感覚が
広がっていきます。
どこまでが自分の肌で、
どこまでが木の肌なのか
わからなくなってしまうくらい、
手になじんでいきます。
こんな滑らかな肌は、
いったい誰の手によって
つくられたのでしょう？
どうやってつくりだされたのでしょう？

ホルム・ベンチ“リップルズ”

左より、ルチアーノ、TOYO、ブルーノ

ヴェネチアのそばの小さな街、ポルデノーネにある「HORM」は、17年前、デザインの知識をもつルチアーノと、経営を担当するパオロがつくった会社です。とても小さな会社だけれど、大きな家具会社に負けない特長をもっています。

ルチアーノは経営だけでなく、すべてのデザインにかかわり、構造やディテールに対してどんどんアイデアを出します。ひとつのデザイン案を受け取ると、ルチアーノのアイデア、職人の技、さらにまわりのサプライヤー(材料供給業者)の知識が結びついて、翌朝には、イメージどおりのものができ上がってきます。彼らは、ひとつのアイデアを大胆に凝縮する感性と、キレのある技をもっているのです。

朝早くから夕方まで黙々と働き、仕事帰りには顔見知りのバールで、グラッパを1杯立ち飲みする、そんな毎日を、何十年も繰り返してきたブルーノは、一見、ただの無口で愛想の悪い70歳くらいのおじさんです。
しかし、いったん木を削り始めると、難しい要求ほど腕がなる、凄腕の職人に変身します。かみそりが大きくなっただけの、なんの変哲もない刃を使って木を削り、あんな滑らかな肌をつくりだしてしまうのです。
そんな彼らと家具を開発するプロジェクトが始まりました。

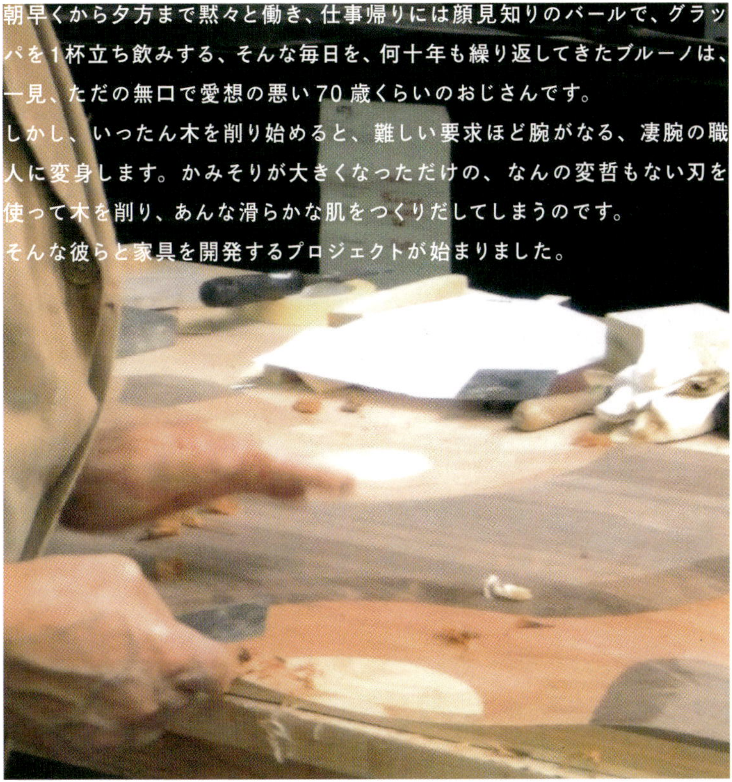

滑らかな木の肌をもつベンチ。
最初のイメージは浮き上がる波紋でした。
積層した集成材の座板、
そしてそれをブレースで支える
脚が描かれたスケッチを
TOYOから受け取ったルチアーノは、
すぐにモックアップの指示を出しました。
薄暗い部屋でモックアップを初めて見たとき、
彼はびっくりしました。
波うつ薄い座板が、
まるで浮いているように見えたのです。
しかし、部屋を明るくしたとたん、
その座板の厚みが現れ、がっかりしました。
「もっと座板を薄くして、
あの美しさをどうしても引きだしたい」
そこで、ブルーノやサプライヤーに相談し思いついたのが、
人間の背骨のようなスティールバーを座板の裏側に通し、
曲がった板でおおうアイデアです。
このベンチを初めて見たTOYOは、
その美しさに感激して思わずルチアーノと抱き合いました。

「HORM」に送った最初のスケッチ

せんだいメディアテークをモチーフにした棚。
いろいろな太さの柱が数種類の角度で曲がり、いまにも踊りだしそうです。
TOYO のスケッチでは、柱は水平のストライプに描かれていましたが、それを受け取ったルチアーノは、縦のストライプに変えました。さらに、ガラスだった天板を、鏡のようなぴかぴかのアルミ板にしてみました。
すると、踊る柱がどこまでも続いていくような森が現れたのです。

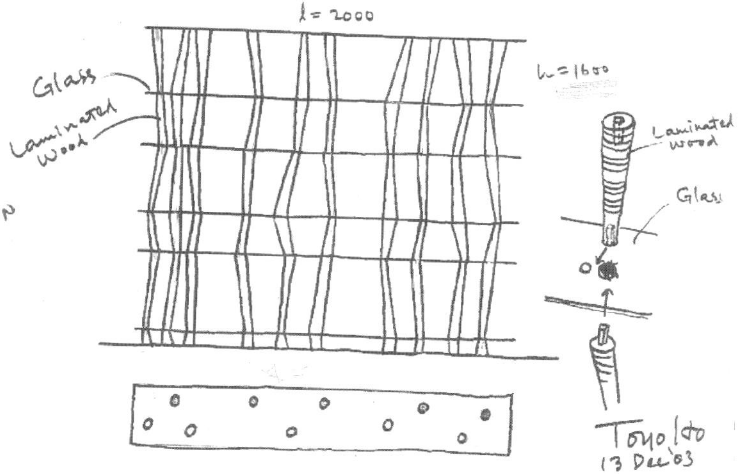

Sendai の初期スケッチ

Sendai

Kaze

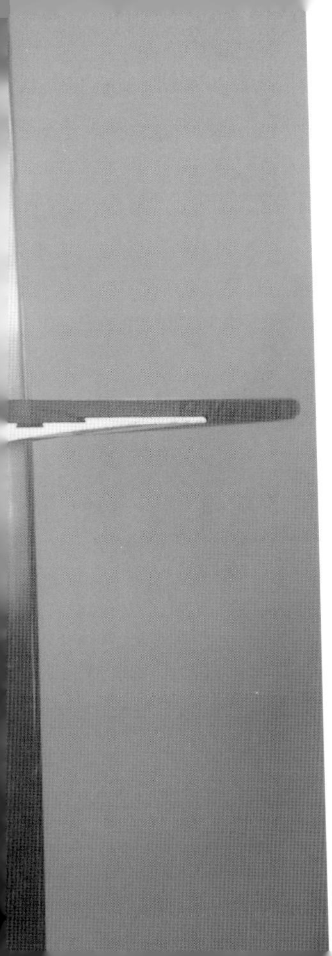

これは、風が通り抜けていくような、
軽やかなイメージの棚です。
木だけでつくると、
棚板が厚ぼったくなってしまうので、
アルミと組み合わせました。
綿密に検討されたふたつの素材の断面が
ぴしっと隙間なく噛み合い、
アルミのカーブがすうっと
木の板につながります。
そして、まるで木の薄い板だけが
浮いているような
棚が生まれました。
実際に触れると、
その薄さに誰もが驚くことでしょう。

自然に囲まれた「HORM」には、
ゆったりとした時間が流れていきます。
「家具を常にディベロップしていくためには、
とても頭を使います。そのためには、
静かでゆっくりできる環境が必要です」
この街で生まれ育ったルチアーノは、
こう話してくれました。

コンピュータや機械が
どんなに発達しても、
手の感覚は、
手によってしか
つくりだすことができません。
形と構造、
素材に対する深い理解と感性、
そして職人の手の技が
一体化しているからこそ、
「HORM」は人々に
強く訴えかける
「手の家具」を生みだすことが
できるのです。

上：イタリア・ペスカラの展覧会場。下：チリの展覧会場でスピーチするエリカ

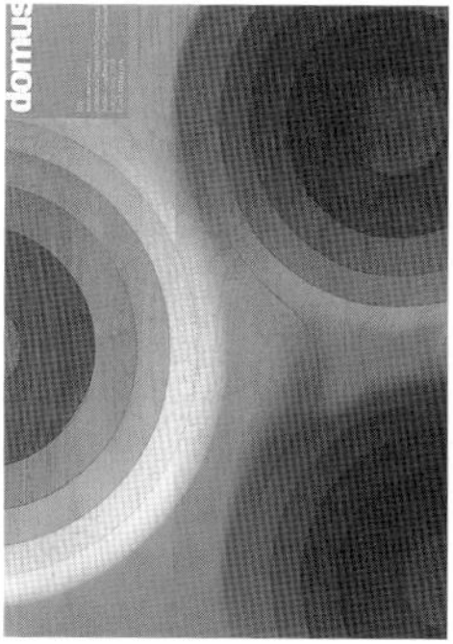

『domus』表紙

リップルズはコンパッソ・ドーロを受賞。TOYOを囲むルチアーノ(右) とパオロ(左)

『domus』の表紙を飾り、コンパッソ・ドーロ(金のコンパス賞)を受賞した木のベンチをはじめ、TOYOと「HORM」によって生まれた家具の展覧会が、チリから始まり、イタリア、ベルギー、フランスと世界各地を巡回中です。そのコーディネーターを務めるのがルチアーノの娘、エリカです。
ダイナミックな形をした展覧会のスタンドも「HORM」が木でつくっています。「HORM」はものをつくるだけでなく、社会的なひろがりをもつ文化的な活動もしているのです。

「初めての海外旅行は日本でした。
神社を訪れ、素足で木の床を歩いたときは、
とても驚きました。生の木の感触を感じたのです」

このような感覚が、「HORM」の家具を
生みだしているのです。

インタビュー 02

やわらかな形態

佐々木睦朗(構造家) 聞き手＝森山ちはる

複雑さを実現する、現場の技術と心意気

森山＿トレヴィエハ(32頁)と、1枚の板が「ぐりんぐりん」とよじれたような福岡のアイランドシティ中央公園中核施設。らせんの軌跡を描くふたつの建築ですが、それを支える構造はどのように違うのでしょうか。

佐々木＿福岡は形態解析から求めた自由曲面シェルの連続体構造であるのに対し、トレヴィエハは幾何学的に定義された二重らせんをスティールバーと合板で構成した空間骨組構造であることが一番大きな違いです。

森山＿福岡の3次元造形の解析図を見て、これが光造形模型ではなく現場で実現できたことはすごいことだと感じました。

佐々木＿板状のパネルで曲面シェルをつくるのはとても難しいことだから、実際にこれをつくるのは大変だろうと思っていました。でも、あのうねった巨大な建物はたった1年間で建ち上がったんですよ。無駄のないパネル割りをするために曲面をどう分割するか、現場の技術者がコンピュータで計算したんでしょうね。型枠屋さんの技術は格段に進化しています。

それからMIKIMOTO(100頁)では、コンクリートと鉄を組み合わせることによってカニの甲羅のような、薄いけれども強いパネルができました。あの建ち上げは大

アイランドシティ中央公園中核施設“ぐりんぐりん”

変でしたが、1層できたあとはあっという間でしたね。現場の学習能力がとても高い。
日本は大工さん、鳶、鉄屋さん、それぞれ技能者の層が厚い。それに、複雑なことでもおもしろいと思えば、多少赤字になろうと、僕らの意図を受け入れてがんばってくれる。そんな現場の心意気や技術が、こういう建築を支えている。アメリカのような、効率第一主義の国ではこうはいきません。

自然界のルーズさをデザインに結びつける

森山＿佐々木さんは、生物学にとても高い関心をおもちだそうですね。
佐々木＿そういう興味がいつか仕事に結びついたら儲けもの、というくらいの気持ちでいます。いま考えていることがいつ仕事に結びつくかなんて、わかりませんから。実際、いまやっている形態解析は、約30年前、木村俊彦構造設計事務所のスタッフとして、沖縄海洋博の吊り屋根構造を担当していたころの興味とつながっている気がします。当時、実験を繰り返して確認しなくてはならなかったことも、いまはコンピュータで簡単に解析できるでしょう。発想自体はそれほど飛躍的に変わっていないけれど、ツールが高性能になったことによって、それがいま実現できているわけです。
生物は、環境に応じて変わるというルーズさをもち合わせていますね。いま伊東さんとやっているプロジェクトは、厳密な構築性というより、そういうルーズさがデザインと結びつくことの可能性を求めているような気がします。20世紀の構造設計は最適性を求めてきたけれど、最適なものはどうしても均質になってしまう。生物のもつ複雑で多様なあり方には、自由で流動的、不定形な構造を引きだす可能性があると思うんです。

やわらかい形態をつくるといっても、コンクリートや鉄のように固い素材でつくる場合と、水分が多く含まれる木のようにやわらかい素材でつくるのでは、全然違いますね。固いものは力がかかるとふんばって抵抗するしかないけれど、生命体は伸びながら抵抗できる性質をもっている。

森山__変幻自在に伸び縮みするけれど、切れない。建築の材料としては、コンクリートや鉄も充分にやわらかい感じがしますが、有機物は別格ですね。

佐々木__そう。クモの糸のような膜ができたら最高に素晴らしいですよね。

モダニズムを進歩させる

森山__佐々木さんは多くの建築家とプロジェクトを進めていますが、建築家によって解析の初期設定を変えるんですか。同じソフトを使っても、結果は各建築家らしさをより洗練させるように形態が変化しているように見えます。

佐々木__そうですね、解の可能性はひとつではありませんから。Aさんはこっちの形を選ぶけれど、Bさんは別の形を選ぶ、というふうに建築家の意図によって解の方向が異なるので、そのつどそれに近い方向に設定します。こういう形にしたいという建築家の意図をひっくり返すつもりはまったくありません。福岡の場合、内部と外部をあいまいにしたいという伊東さんの意図があったから、それに近い方向に解を導いた。僕が勝手につくっているわけじゃないんですよ（笑）。高度な解析ができるようになったからこそ、形態を決める根拠は力学だけじゃないと思うんです。

構造家でこんなことを言うのは問題かもしれないけれど、僕は計算を信用していないんです（笑）。いい加減だと言われるかもしれないけれど、この形が美しいと思う感覚、そしてそれが構造的に成立するかどうか判断する直感力は大切にしたい。

80年代、僕はポストモダンには目をそむけて、モダニストとばかり仕事をしていました。せんだいメディアテークはモダニズムの集大成みたいなものだと思うけれど、あのころから伊東さんはすごく変わりましたね。僕も意識の変化が起こって、1998年の北京のオペラシティのコンペで磯崎新さんとハイブリッドシェルという自由曲面のデザインを提案した。方向転換というより、これから考えなくてはならないのはこっちだ、と思ったんですね。

伊東さんはモダニズムを「超える」というけれど、それはモダニズムをより「進歩」させるという意味だと思うんです。伊東さんと僕が同じことを考えているかどうかわからないけれど、この10年、大きな変化が起きたのは確かだと思います。でもそれが果たして「脱近代」といえるのか。

最近僕は、ミースの「Less is More」もいいけれどガウディの「More is More」もいいよねと言っているんです。「More is More」はモダニズムの延長だと思うし、「脱近代」といえるほど、僕らが近代的だったといえるのか、モダニズムの原理に立ち戻って問いなおす必要もあると思っています。

09
PARK

水の公園

2003 'water spirals'
それは、21世紀の公園をつくる
コンペティションでした。

マドリッド・ガヴィア公園

敷地は、宅地化が予定されているマドリッド郊外。
ここには昔、ガヴィア川が流れていました。
でもいまは開発による残土が積まれ、
土地はすっかり乾き、緑が自生することもありません。
ここにつくられる新しい公園の役割は、
汚水を浄化し、ガヴィア川を再生すること、
さまざまな生命が生まれ育つ多様性をもつこと、
人と自然の新しいかかわり方をつくりだすこと。

公園に流れてくる水（BOD*5mg/ℓ）は、
臭くはないけれども、人が触ったり、
飲むには適していません。
これをさらにきれいにするには、
自然の浄化作用と同じような状態を
つくりだすしかありません。
コンペ要綱に示された浄化方法は、
この水を十分な距離のある水路に流すことでした。

＊水の汚れはBOD（生物化学的酸素要求量）によって示されます。BODの数値が低いほど、きれいな水です。
たとえば、サケはBOD 3mg/ℓ以下の水中であれば生息できます。

2003年3月、スタディ開始。

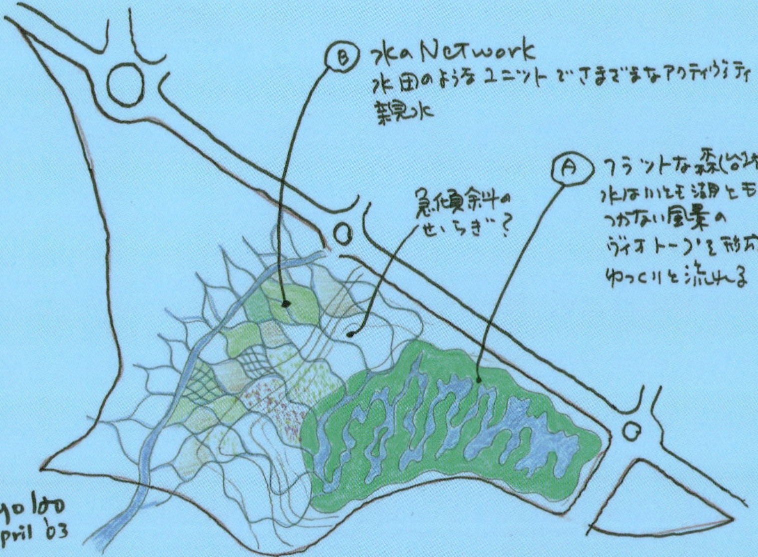

「長い水路をどうつくったらいいのだろう?」

「公園全体に水流のネットワークを
広げてみたらどうだろう?」

「水路を蛇行させる形は
なんによって決定するべきなのか?」

「そもそも、ひとつの水路に
水を流さなければならないのか?」

スタディを進めるうちに、従来のやり方では、あらかじめ想定された範囲内での「バラエティに富む」出来事しか生みだせないように思われました。このままでは、生物にとって住み心地の悪い「均質さ」をもたらしてしまいそうです。

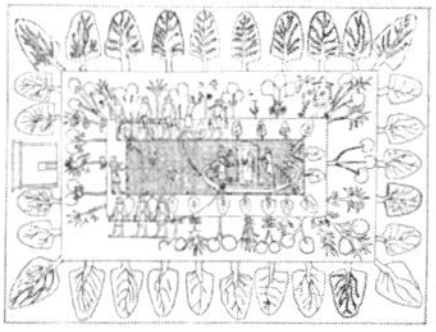

前 15 C　レクマラ「死者の庭園」

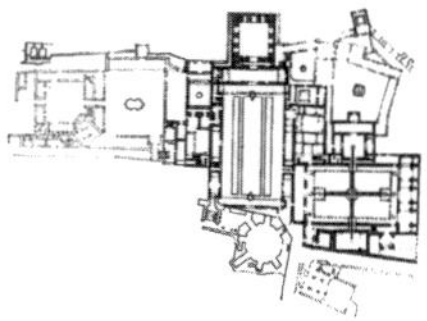

13 ～ 14 C　アルハンブラ宮殿

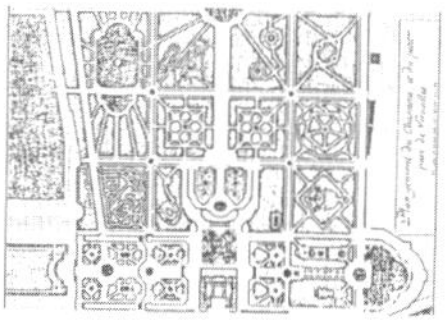

17 C　ヴェルサイユ宮殿・庭園

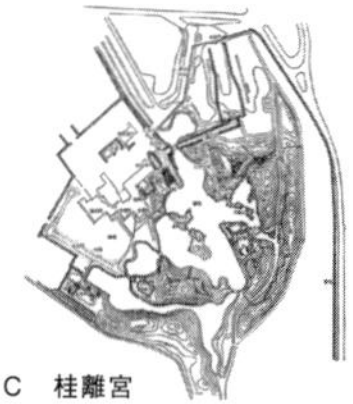

17 C　桂離宮

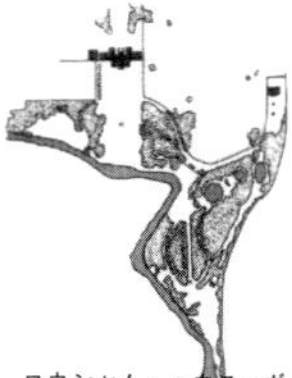

18 C　ロウシャム・ハウス・ガーデン

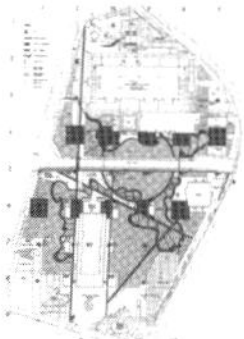

20 C　ラ・ヴィレット公園

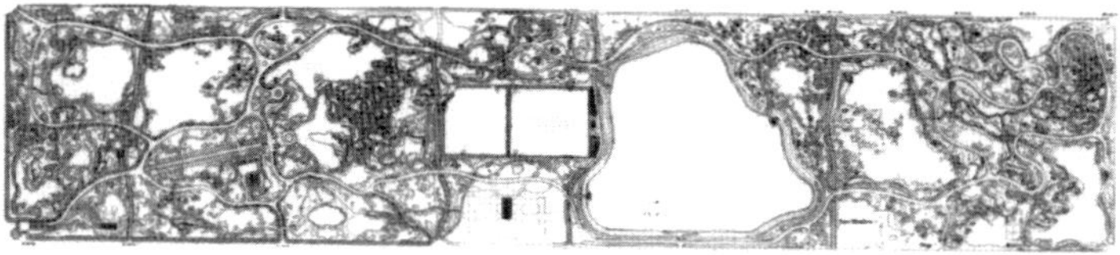

19 C　セントラル・パーク

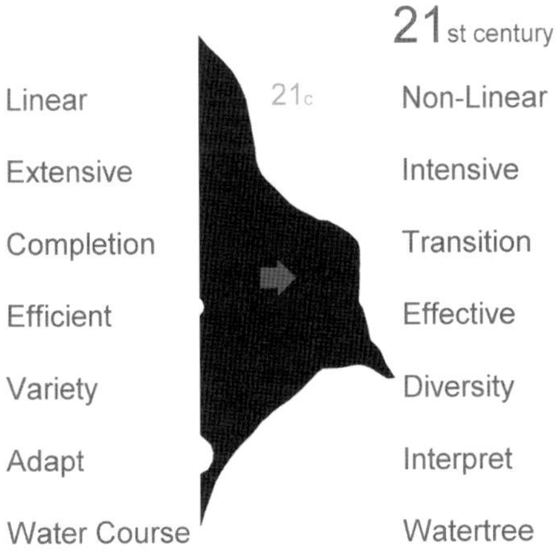

コンペ時のダイアグラム

21世紀の公園に求められているのは、過去の世紀につくられた庭園のように計算しつくされた「完璧な」ゾーニング、最終像を追求することではなく、「変化しつづける」なにかに違いありません。不均質なものをつくる単純なルールはないのでしょうか？

谷戸の地形。国土地理院撮影空中写真

そんなとき、
「谷戸（やと）」という地形の話をされたのは、
慶應大学の石川幹子先生です。

谷戸とは丘陵地の谷あい、小高い丘に囲まれた、
小川の源流域のこと。

窪んだ場所に雨水が集まり、流れ、
やがて小川となります。
こうしたひだ状の地形に住む微生物が、
人間の手では浄化できない水をきれいにし、
不均質で生物多様性に富んだ、
トトロの森のような環境をつくりだすのです。

ここに、私たちが探していた答えがありました。

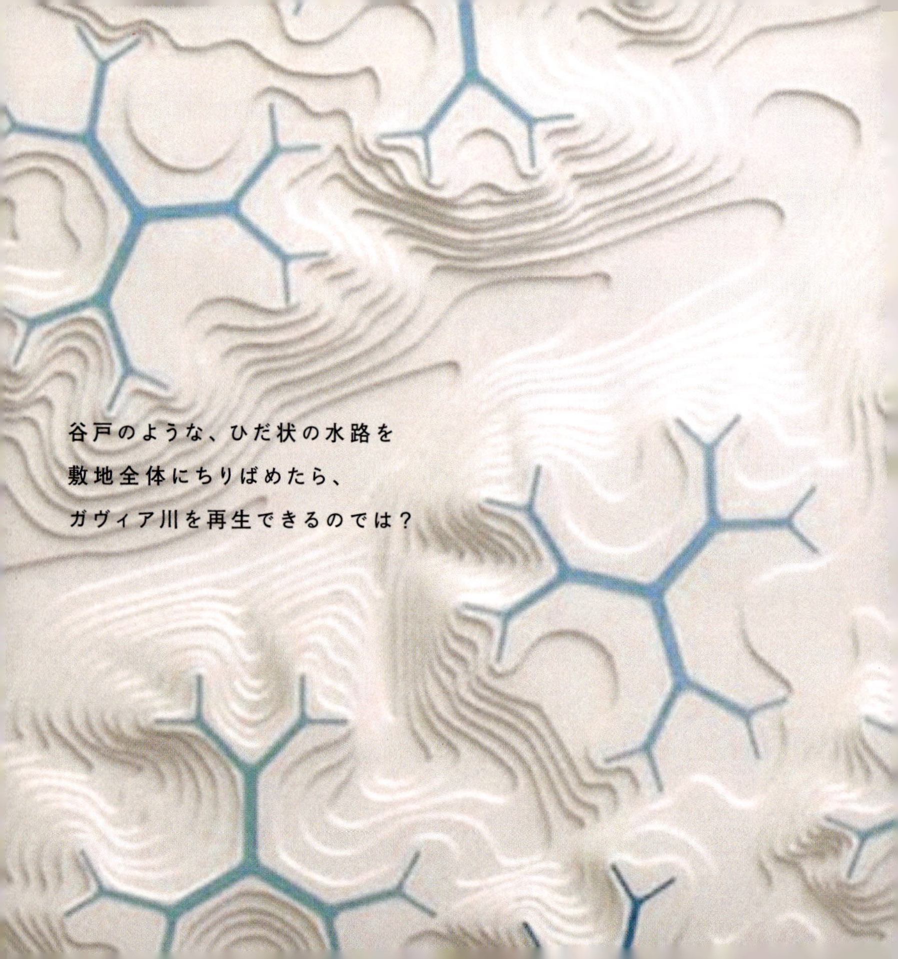

谷戸のような、ひだ状の水路を
敷地全体にちりばめたら、
ガヴィア川を再生できるのでは?

こうして見つけられたルールこそが、
ウォーターツリーだったのです。

木を真上から見た形のリッジ・ウォーターツリー、

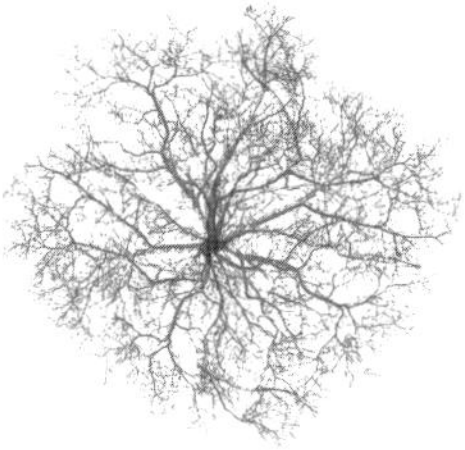

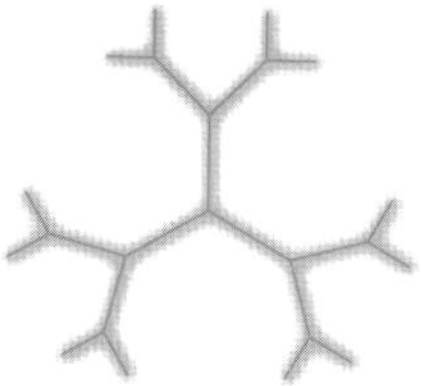

木を真横からみた形のバレー・ウォーターツリー。

このふたつの形状を組み合わせてひとつのウォーターツリーをつくり、敷地に「植え」ると、リッジ(尾根)からバレー(谷)へ、高低差のある地形が生まれます。

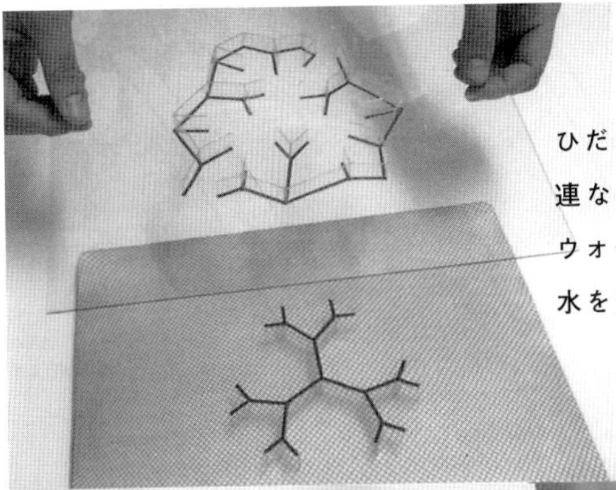

ひだがフラクタルに
連なるような
ウォーターツリーによって、
水を浄化するのです。

水はどのように浄化されるのでしょうか。

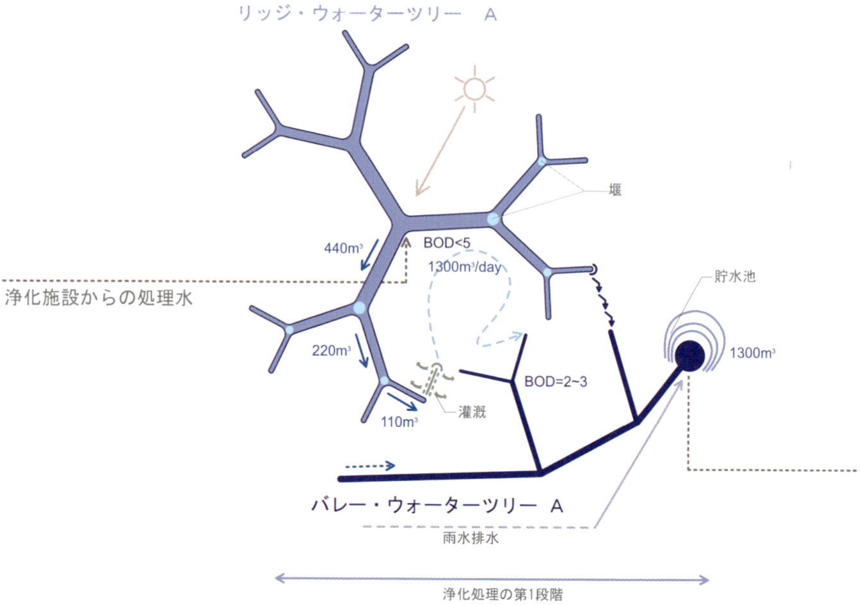

汚水処理場で処理された水は、まず、リッジ・ウォーターツリーAを通ります。流れる間に、日光に当たりながら、れき（小石）の隙間に住んでいる微生物が汚れを食べ、水生植物が汚れを分解して、水は浄化されます。

こうしてきれいになった水は、土壌に触れることでさらに浄化され、公園の灌漑に利用されます。バレー・ウォーターツリーAに集められた水はリッジ・ウォーターツリーBを通りながら、人びとがくつろぎ遊ぶ場所をつくりだします。ふたつのウォーターツリーで浄化された水は、土を潤し、緑を育み、ガヴィア川を再生します。

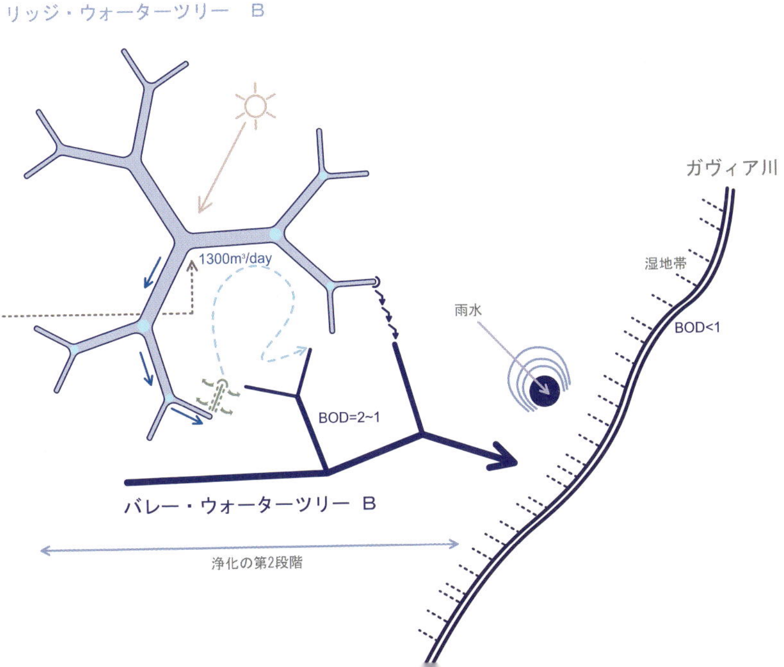

浄化された水が土地を潤し、
やがて緑が育ちます。

灌木の近くに生えている樹木がよく育つように、
自然界では、無数の予測不可能な
助け合いや競合が起こります。
それが生命を活発にし、成長を加速させます。

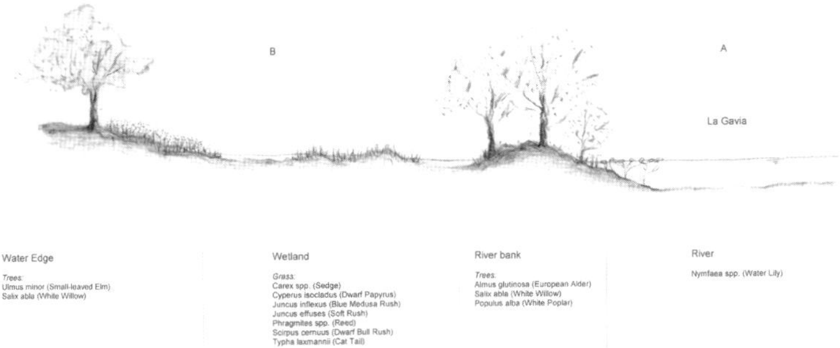

スペインのルイス・テヘーロ・エンシナオと
石川さんらが主となって、
公園の植生計画が行われています。

ウォーターツリーは、
さまざまな生態系を
巻き込みながら増幅し、
生物多様性を生みだすことのできる
幾何学です。

この公園には、あらかじめ想定した
完成像はありません。
時を経るにつれ、姿を変えながら、
いろいろな出来事や物語の
きっかけとなっていく。
そんな、無限の可能性を秘めた
舞台のような場所にしたいのです。

10
SINGAPORE

消費の国

老上海

真夜中のシンガポール。
しんと静まりかえったビルの谷間から、
突然賑やかな声が聞こえてきました。
200年ほど前、
この地にやってきた華人がつくった
チャイナタウンです。
たくさんの屋台のまわりは、
食事やおしゃべりを楽しむ人々で
溢れかえっています。

一方、シンガポール湾沿いは、高層ビル群におおいつくされています。経済的な活況はあるものの、さまざまな国の人たちがエネルギッシュに行き交っていた、かつての港町の活気は失われつつあるようです。

それは、このわずか40年の間、ものすごい勢いで理想の都市をつくろうと、
消費文化を駆り立てた結果なのです。

この国の南、
リゾート地のセントーサ島に向かい合う
ハーバーフロントに、大きな白い波の形をした
VivoCityがもうすぐオープンします。
それは、新しいライフスタイルの創出をめざす
ショッピングセンターです。
VivoCityは、
誰がつくっているのでしょうか？

ショッピングセンター ヴィヴォシティ

エドモンド・チェン（右）とTOYO（左）

プロジェクトの先頭に立つのは、メイプルツリー（Mapletree）のチェアマン、エドモンド・チェン。中国で生まれ、アメリカの大学で建築を学び、シンガポールにやってきたチェンさんは、ビジネスマンでありながら、アート、建築、ファッション、文化に高い関心をもち、若い世代が育っていくチャンスをどんどんつくろうとしています。

「いままでのショッピングセンターは、ただ“買いもの”をするだけの場所でした。経済効率だけを優先した、巨大なからっぽの空間です。しかしVivoCityは、さまざまな文化が体験できる豊かで楽しい、シンガポールの新しいシンボルにしたいのです。“ショッピング”が新しいライフスタイルをつくりだすのです」

どうやって、
チェンさんが求めるような場所を
実現するのでしょうか？

VivoCity は、延床面積 20 万㎡のシンガポール最大の複合商業施設です。高速道路、地下鉄２本、セントーサ島へのモノレール、フェリーターミナルなど、さまざまな交通が交差する場所にあります。地上 3 階、地下 2 階で構成され、自動車 2100 台を収容します。ショッピングモールだけではなく、シネマコンプレックス、レストラン、子どもの遊び場などが複合されています。

形をつくる前に、まず、人々がわくわくするようなコンセプトをつくるべきだと考えました。それが、「SURFING」です。
「SURF ROOF」という屋上から、「FEATURE WALL」と名づけられた外壁へ、大きな波のうねりが、形として現れます。内部まで連続していくこのうねりは、大きな渦をつくりだし、世界中からやってくる人々を巻き込みます。
アクションそのものをシンボル化することによって、ショッピングの楽しさや躍動感を駆り立てるのです。

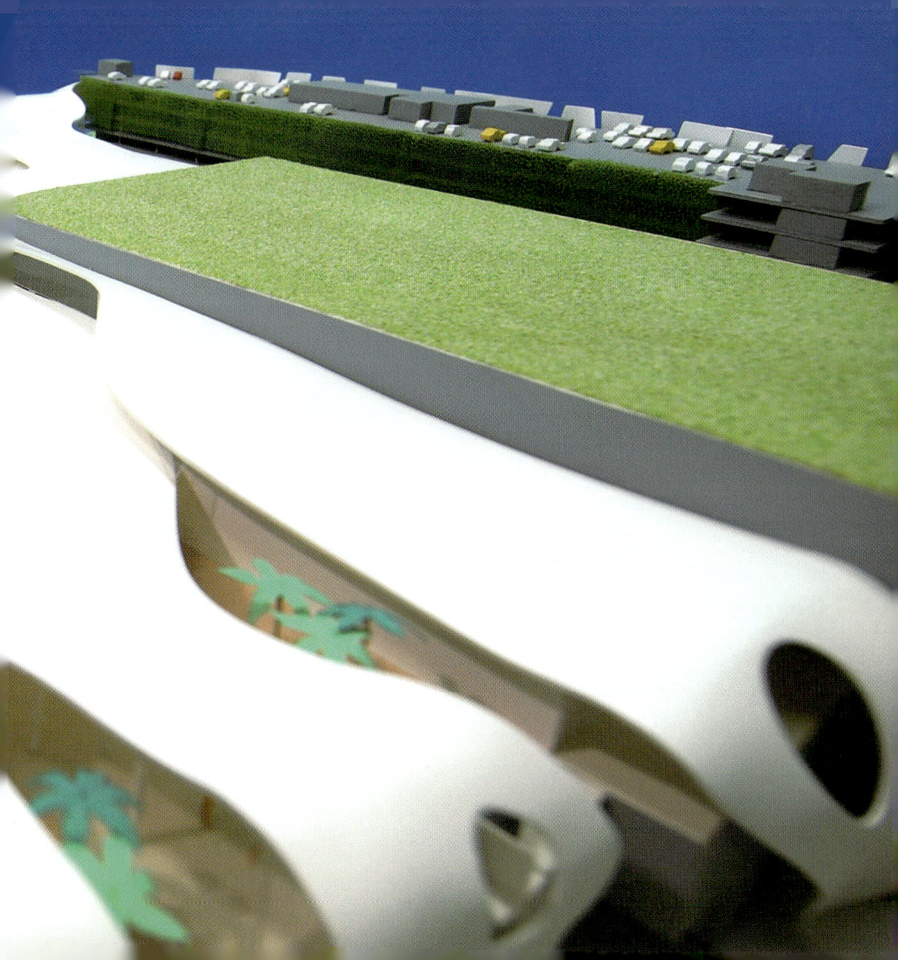

外に向かってうねる波は、自然を呼び込みます。背後の緑地や海からの風や光が、巨大なショッピングセンターの内部に入り込んできます。
屋上の大きな水面や緑は、熱い空気を爽やかに冷やし、空調の効いた室内に閉じこもる人々をどんどん外に連れだします。

イングス・イデー（ドイツ）
Snowflakes

ヘンク・フィッシュ（オランダ）THERE

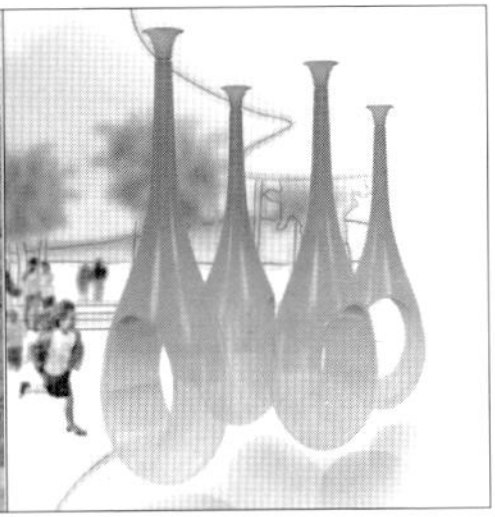
ロニー・チャン（香港）
学生コンペの１等受賞作品 Raindrop

波と波の間には、世界各国のアーティストがつくったカラフルなアートや、学生コンペで選ばれた作品が点在します。また、シンガポールで初めてのビエンナーレもここで開催されます。
屋上に開いた大きな穴のなかには子どもの遊び場、波が盛り上がったところにはシアター、ひだのように入り組んだテラスにはレストランをつくります。VivoCity は、人々の生活の一部となり、さまざまな出来事が起こり得る場所となるのです。

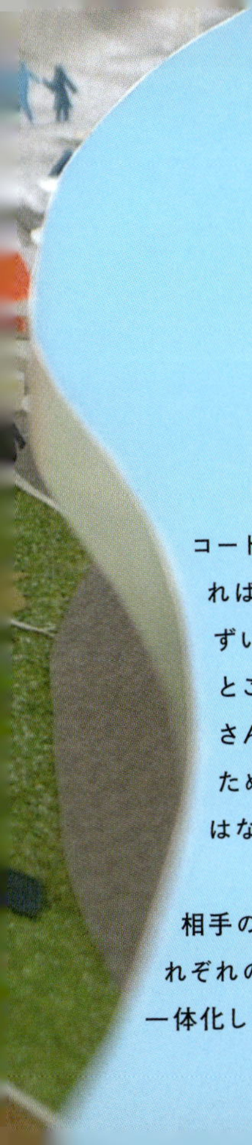

コートヤードのデザインのプロセスでは、経済的な裏づけを考えなければいけないチェンさんと、豊かな空間をつくりたい私たちの間に、ずいぶんズレがありました。
ところが、静かな水に囲まれた庭園のような案を受け取ったチェンさんは、ちょっと考えて、「“もっと生き生きとした”子どもたちのための遊び場をつくろう」という、経済効率だけを優先させるのではない提案をしたのです。

相手の求めるものを理解しようと、ときにはぶつかり合いながら、それぞれの主張を素直にオープンにしたことで、波状のランドスケープと一体化した家具や遊具をコートヤードに配置する案にたどり着きました。

このプロジェクトでは、経済性と空間の豊かさが果たして両立し得るのかが問われています。建築家が抱く空間への夢と経済原理との厳しい葛藤の結果が、まもなくオープンしようとしているのです。
ますます激しさを増す消費社会のなかで、VivoCity は真に新しいライフスタイルをつくりだすことができるのでしょうか。

ディスカッション02

商業建築をめぐって

VivoCity とエドモンド・チェン

伊東＿これからは公共建築の仕事がだんだん減ってきて、商業建築の仕事が主になっていかざるを得ない。そういうときに、僕らにいったいなにができるのか。日本よりずっと商業主義的なシンガポールで VivoCity（224 頁）をやることによって、その難しさを考えさせられた。

田邊＿商業建築の仕事が増えていくなかで、自分たちがやりたいことをどう折り合いをつけてつくっていくのか、大切な問題だと思います。シンガポール側の担当者とのやりとりを見ていると、私だったらもうやめたいと思うような要求がたくさんある。

たとえば、静かな石庭のようなコートヤードに、霧の島や子どもの島をつくって、そこを滝のファサードで囲う案を出すと、シンガポール側からは、もっとたくさんの人を入れたいから、ガラスの壁はなくしたほうがいい、もっとアイコニックなものにしてほしい、アメリカの「シティ・ミュージアム」を参照してほしいと写真が送られてきて、それに対して伊東事務所が何度も新しい案をつくっていく。そんなやりとりがいまも続いているんです。

伊東＿VivoCity でやっていることはどうだって言いたいの？ 僕らががんばっているって言いたいわけ？

田邊＿苦しみながらがんばっているというか……。ひとことでは言えないんですけれど。

伊東＿でも、エドモンド・チェンというエネルギッシュで建築好きな人間がプロジェクトリーダーとしているおかげで、充分とはいえないけれど、商業主義のなかでもこういう建築を成立させられるんだと思う。僕らの最初の案を見たとき、彼は「Congratulation!」と言って、すごく喜んだよね。

岡野＿チェンさんは伊東さんに共感して、意図をすぐに理解してくれたんですね。クライアントに、「えっ」と言葉も出ないような反応をされることが多々あるというのに（笑）。

田邊＿チェンさんは、VivoCity のなかでアート・ビエンナーレをやることも企画しています。世界各国からアーティストを呼んで、ショッピングだけでなく、文化が刺激し合う場所をつくるというのが、彼の夢です。VivoCity でやっていることは、これからの商業建築のひとつの方向性になるんじゃないかと思うんです。

伊東＿実際はそんなに甘くないぞ（笑）。ほとんどの商業建築は、デザインが金になるという前提に立っているんだから。

　チェンさんはアメリカの大学で建築を学んで建築家になろうとしていたこともあるから、いい建築をつくりたいと思っていると同時に、ディベロッパーであるという側面ももっていて、おもしろいキャラクターだよね。

　彼はポール・ルドルフに設計してもらった真っ白な家に住んで、ワインセラーには1万本くらいのワインがある。そして毎月のように寿司や天ぷらを食べるためだけに日本に来るという、日本の大手ディベロッパーの社長なんかよりはるかにリッチな生活をしている。彼が日本に来たときは僕もよく呼び出されるけれど（笑）、彼がマネーというものをどう考えているか、実はよくわからない。
御手洗＿事務所の VivoCity の担当者は、シンガポールのクライアントから言われることに腹を立てることも多いけれど、実はチェンさんもすごく腹を立てているんじゃないかと思うんです。いい建築をつくりたいけれど、お金ももうけなくてはならない。その間でどうしたらいいのか葛藤しているように見えます。
伊東＿この本でチェンさんのことを取り上げてみたいと思ったのは、いま御手洗が言いかけたことでもあるんだけど、毎日お金に明け暮れている人だからこそ、そうではないものを欲しがっているような気がしてね。そこに僕らと共通の思想というか、建築の価値を見出せるのかどうか。
御手洗＿チェンさんも伊東豊雄という建築家といっしょにやることでその解決策を見つけたいと思っているんだろうなって想像できるんですけど。
伊東＿そういうチェンさんの根源的ななにかを実現しようとすると、ビジネスという大きな壁が立ちはだかる。田邉は実際にこのプロジェクトにたずさわっていないから、その壁に対する怒りとか、それでもなにかやりたいっていう気持ちはわからないかもしれないけれど、それを事務所のみんなで共有できないとだめだと思う。そのためにもこの本をつくっているんだから。

なんのために建築をつくるのか

伊東＿「トッズが売りに出されているようですよ」という噂を聞いたときは本当に驚

いた。真偽のほどはわからないけれども、株の売買と同じようなことが建築でも起こっている。表参道のプラダも売りに出されて、何倍かで売れたというし。

東＿不動産の証券化。建物と土地の権利がなくても、使用権をもっていればトッズは営業できますからね。

伊東＿うん。トッズ(82 頁) は僕らとしても、最近の作品のなかでは一番気合の入った建築だと思う。単なる商業建築じゃないぞっていう強い意思があったわけでしょう。

東＿誰もやったことのないようなものをつくってやろうという意識は強かったよね。単なるパッケージデザインじゃないぞという。

伊東＿そう。だからこそ、ものすごいお金をかけて建築をつくって、その数倍で売って儲けるようなことが日常的に起こってくると、僕らがデザインしたことはいったいなんだったんだろうと思っちゃう。こういう建築をがんばってつくることにどういう意味があるのか、すごく大きな問題なんだ。

東＿今後は、建築家がやったことによって新たな価値をつくれたら、その利益の何割かはもらうとか、そういうことも踏まえて契約しなくてはならないかもしれない。

伊東＿建築家は社会的な存在であって、社会のモラルを主張するものだと、僕はずっと考えてきているわけだけど、ビジネスの世界では、そのモラルがないがしろにされることもある。それでも、トッズやMIKIMOTO(100 頁) で技術的におもしろいことが実現できたことは、僕らにとっては冒険だったし、それが商業的な成功にもつながった。僕らは商業主義に利用されたと言えるかもしれないし、僕らが利用したといえるかもしれない。

東＿単に二項対立ではなく、商業と非商業が対立しながらつり合っているような複合化が、いまの高度資本主義。

御手洗＿日本では、民間の仕事でこういうアイコニックなものが求められるけれど、公共の仕事ではあまり求められない。でも台湾や中国では、国を挙げてアイコニックなものを求めますよね。そこに、いまの社会における建築家の位置づけがあらわれてきているように思います。

森山＿グローバル化といわれる現代でも、民族や地域によって「建築」にできることに大きな差があるのは、経済の問題と関係があるんでしょうね。

伊東＿もちろん。裏を返していえば、公共性ということ。

さっき田邊が話したようなクライアントとのやりとりに、僕らはすごく矛盾を感じるけれど、チェンさん自身は全然不純に思っていないようなんだよね。彼にとって、よいデザインの建物をつくることと商売をすることに、あまり矛盾は感じていないんじゃないか。

チェンさんは、ディベロッパーのメイプルツリー（Mapletree）のチェアマンであるけれど、メイプルツリーはキャピタランド（CapitaLand）というさらに大きなディベロッパーのグループ会社で、キャピタランドはシンガポール政府直属ともいえる会社。シンガポールという国には公共の概念がないという感じもする。

東＿シンガポールの国民は高い税金を払っていて、国が投資会社のようにそのお金を運用し、それで得た利益を住居や社会資本の形成に充てている。結構安い値段で家が買えるから、シンガポール国民は若いうちに政府系のディベロッパーがつくった家を買いますね。そういう意味では、国民と国が運命共同体的な仕組みになっている。だから、シンガポール国民は納税者というよりも、政府と契約をしているという意識が強いんだと思う。私はシンガポールという国に出資しているんだよ、と人々は言いますよね。マネーを追求することによって、公共性が形成される。
伊東＿株式会社のような国ができている。
東＿日本には社会主義的な様相というのが実は相当入り込んでいるから、外から見たらとっても不思議な国なんだと思う。国家公務員が100万人、地方公務員が300万人いますからね。それに特定独立法人や、第三セクター、国立大学なども加わる。
岡野＿非常に社会主義的な資本主義国と言われていますよね。公務員の人数は世界的に見て、多いほうなんですか。
東＿かなり多い。
伊東＿シンガポールでは、金を儲けることが公共資本をつくることになるわけだから、矛盾がないわけだね。
東＿そういう矛盾のなさが、アジア資本主義のおもしろいところだと思う。旧宗主国である英国のシステム、中華、特に客家（はっか）の独特のネットワークなど周縁的で複合的な世界観。
伊東＿おもしろいね。でもこのテーマは大きすぎる。
東＿そうですね。フローとストック、マネーと建築の本質的関係についてもう少し考えたほうがいいかもしれない。

伊東＿経済優先の社会のなかでデザインは金じゃないと言っていたら、建築家は成り立たない状況になっている。建築家は経済を回転させるための道具になりかかっているなかで、僕らはなんのために建築をつくっていくのか。これはすごく大きなテーマなんだよ。少なくとも僕にとっては、最大のテーマですね。

伊東豊雄（塾長）

東 建男（塾頭）
1985年入所

庵原義隆
2003年入所
担当章：01

御手洗 龍
2004年入所
担当章：03・07

岡野道子
2005年入所
担当章：05・06

田邉 曜
2005年入所
担当章：08・10

森山ちはる
2005年入所
担当章：02・04・09

ディスカッション03

冒険を終えて

思想を共有する

伊東＿この本は、事務所の最近の作品をまとめるという話からスタートしたのですが、どうせ本をつくるなら、僕ら自身が今日考えていて、まだわかっていないテーマについて、議論しながら本にしたいと考えました。それから、僕らの建築についての考えを、できる限りわかりやすく伝えよう。この2点がこの本の大きな課題でした。

そこで最初に発想したのが、事務所の外の人、それも建築をやっていない『不思議の国のアリス』のアリスのような登場人物を設定して、彼女が僕らのつくった建築を訪ねてまわりながら「この建築は、なぜこうなっているの？」という質問を発して、僕らがそれに答えながら各テーマを解読していくという構成。

それで、入所1年目を中心とした若いスタッフたちにその作業をやってもらうことにしたわけですが、実際にやってみると「アリスになる」のがなかなか難しい。「なぜ？」がうまく発せられないんですね。結局、僕らは建築家としてしかしゃべれないことがわかって(笑)、このようなかたちにまとまったわけですが、この1年数カ月、何度も議論してきたことは、僕ら自身の問題を根本から考えることにもなって、設計とはまた違った意味で、いい勉強をしたと思います。

岡野＿私は入所してすぐにこの本をつくるという話をいただいて、最初に取材に行ったのがMIKIMOTO(100頁)の現場だったんですが、一番衝撃的だったのが溶接鍛冶職人さんです。非常に難しい溶接技術に誇りをもっていて、道具を開発したり、いろいろな発想をもって仕事に取り組んでいる姿に感動しました。現場で多くの知恵を出し合うことによって、ああいう完全にフラットな外壁がつくられているとは、まったく想像していませんでした。

それから、夜中に行われていたパネルの建て込み作業を取材に行ったとき、OLやサラリーマンが行き交う銀座のマロニエ通りが車両通行止めになっていて、そこに突然トラックが来て、外壁のパネルをクレーンでもち上げる光景を見たんですね。そのとき、銀座の夜空に消えていくパネルがすごくきれいで、建築がつくられているときから街は変化しているんだなと感じました。

森山＿「動きのかたち」の章をまとめるために、先輩たちや構造家などにトレヴィエハ(32頁)について話を聞いてまわりました。トレヴィエハは「回転」というルールでかたちづくられていますが、スペインの現場では、部材を合わせながら微調整を繰り返して、ゆっくり時間をかけてつくっているんですね。ベジェ曲線はアルゴリズムとはいえないまでも、この建築は概念的に成立している建築です。それが実際の現場では、いろんな人の手の力でつくられていることを知って衝撃を受けました。

御手洗＿いま事務所でやろうとしていることをひとことでいうと、生き生きとした空間をつくりたい、ということだと思うんです。自然のなかにはそういった空間がたくさんあるんですよね。そしてその原理を形にしたもののひとつが、成長する巻き貝のようなトレヴィエハなのだと思います。

こうして、生き生きとした形がもつ原理を突き詰めて考えた結果、アルゴリズムというルールが出てきました。そして「動きのルール」の章のためにいろいろ調べていくと、サーペンタイン(52頁)に行ったことはないけれど、そこにはおそらく、すごく不安定であるけれどもバランスのとれた状態があって、いままでの建築とは全然違う動きのある空間がつくられていたんだと思いました。つくり方の原理と形、そのふたつを同時に追求して、それがうまく合わさったとき、体験としてまったく新しい建築ができるのかもしれません。その感覚はとてもおもしろいものでした。

また、今回取り上げたプロジェクトを見ていくと、必ずキーパーソンと呼べる人が出てくるのも興味深いことでした。ARUPのセシル、シンガポールのチェンといった活力に満ち溢れた人たちといっしょにつくるというのも、建築が生き生きとしていく理由なのかなという気がします。

庵原＿僕は事務所に入って4年目になりますが、この本のプロジェクトが一番大変な仕事でした(笑)。やさしく語るのは、すごく難しいことなんですね。もしかしたらそのイメージに近づいているかもしれないのに、言葉に置き換えたとたん、イメージが遠くに行ってしまって、それを追いかけているうちに行き先がどんどん見えなくなってしまう。ニンジンをつり下げられて走っている馬のような状態でやってきたという感じです(笑)。

「ねじれたグリッド」の章は、はじめは「プリミティビズム」というタイトルで進めていました。洞窟と樹上の家が、いまの均質化してしまった建物を打ち破るものなのではないかと問うことから始めたんですが、あるとき突然、「エマージング・グリッド」に結びついたんですね。当時はあまりよくわかっていなかったエマージング・

グリッドを説明することを手がかりに、先に進んでいきました。最初は全然わからなかったことも、言葉を与えていくことで、それが別のこととリンクしたりして、少しずつわかってくる。

この本をやってすごくよかったと思うのは、たとえば、いろいろ検討して扉のおさまりの図面を描いても、「なんでこんな普通じゃないことをするんだ」と言われたときに、それがどうおもしろいのか伝えられないと、現場の人はやってくれない。この1年半、それをやさしく語る訓練ができたと思うんです。実際、いま現場でうまく説明できたかなと思うときがあります。

田邊＿私が担当した「手の家具」「消費の国」は、ほかの章と少し違っていて、人と人がどうコミュニケーションをとって建築をつくり上げていくのかがテーマでした。言葉を交わさなくても、こちらの意図をさらに飛躍させてなめらかな面をもつ椅子をつくり上げるHORMの職人さんたちの技に驚きました。また、VivoCity（224頁）のクライアントと事務所の間のやりとりを見て、お互いの考えがぶつかり合いつつも、少しずつ歩み寄りながら、力強い波の形をした建築ができていくことを身をもって感じました。

チェンさんにインタビューしたときに「価値のない建築は、つくる意味がない」と言われたことをどう理解するのか、自分の気持ちを言葉に置き換えようとするんですが、なかなか言葉にならなくて、とても歯がゆかったですね。

伊東＿僕はいってみれば大学の研究室みたいに、スタッフそれぞれがある自由度をもって自分の提案をして構わないと思っている。だから、あるときは御手洗君のイメージで建築がスタートするかもしれないし、あるときはほかの人の意見で進むかもしれない。そういうばらつきを前提として設計が進行するためには、思想を共有するほかないと思う。それによって初めて、ほかの人のイメージからスタートしても自分のイメージに置き換えられるし、チームとしてものをつくっていくことができる。

思想というと、現実とは遠い問題だと考えがちだけど、現実のなかに全部存在しているということもわかってほしい。MIKIMOTOの溶接職人の親方が「こんなふうにやるんだよ」と言うことと建築のコンセプトが、裏表の関係にあることがうまく伝わらないと、この本はおもしろくならないし、僕らの意図も伝わらない。だから僕はやさしく語ることにこだわって、みんなに5回、6回も書き直してもらいながら、この本をつくってきたのです。

建築をつくるための見取り図

東＿この章立てはとても意味があると思う。最初に「ねじれたグリッド」という概念を提示して、いま世界をおおっている直交グリッドという編み目から抜け落ちた、もっと自由な状態が存在するんじゃないか、その自由さをどういうかたちでつくりだせばいいのかという大きな方向を示している。これは僕らが建築をイメージする原型的なもの、あるいはものをつくる最大の動機といってもいいのかもしれない。

その動機によってつくられたトレヴィエハのプロジェクトを見ていくと、そこに不思議に連続した思考の運動あるいは身体の運動が、らせん的な運動としてオーバーラップしてくる。でもそれはまだ非常に漠然としたイメージなんですね。

そのイメージを実体化する幾何学はいったいなにか。３章の「動きのルール」ではそれを探していて、たとえばセシルから受けるインプレッションが先行しているのか、それとも僕たちのなかにある大きな方向性が先行しているのか、いや、先行するとかしないとかは全然問題じゃなくて、やりとりしていると複雑で理解できない領域が見えてくる。そして、アルゴリズムだけで建築はつくれるんだろうかという疑問も逆に出てくる。

４〜７章では、建築あるいは空間を実体化させるための道具はなにかを探していて、身近にある素材を構造化しよう、あるいは表層化しようという意思がどういう展開をたどるか語られる。そうやって建ち現れた空間のなかで、さらにもっと身体に近いファーニチュアが浮かび上がってきて、８章では建築をつくることと差のないかたちで、ファーニチュアに接触していく。

９章で現れるガヴィア公園は、非常に原初的な場所のイメージが強くて、第１章で語られたイメージとつながってくるんですね。建築をめぐる冒険をたどっていくなかでつながった世界が、果たして現実の社会とどのくらい関係があるのか。それが最後の章で語られる。この全体の10章をたどることが、いま建築をつくるうえでの自分たちの本当の動機、大きな方向性を指し示す構図になっている。それは、ある種の地図といったほうがいいかもしれない。それが、建築をつくるさまざまなプロセスを凝縮しつつ、かなり平易に語られているということで、この本をつくること自体がひとつのおもしろいプロジェクトになった。
伊東＿それぞれのテーマの文章やビジュアルについても、率直な感想を聞きたいね。
東＿4〜7章に関しては、本当はもう少し掘り下げなきゃいけない要素が多分にあると思うけれど、みんなまだ現場の経験が少ないから無理もないことで、これからの経験を通して見えてくる問題なんでしょうね。1〜3章に関しては、建築の根本的な問題だから、みんなが考えていることは僕自身にとっても新鮮でもありました。

ただ、ここで描かれているのはまだ見取り図だから、この先にあるのはいったいなにかはまだ見えていない。ここで言語化したり、議論の対象になる前の、まだ光が当たっていない海の下の氷山のような大きな部分が重要なんでしょうね。そういうところに対して好奇心をもつことが、1〜3章の問題を豊かにする要素になっていくと思う。

冒険とはなにか

伊東＿今回、なにをもって君らが「冒険」というタイトルをつけたのか聞いてみたい。
庵原＿僕はまずたくさん自然の写真を探してきて、事務所の作品といっしょに並べてみたんですね。すると、ちょっと似ている写真が見つかって、おもしろかった(笑)。そのときなぜおもしろいと思ったのか、その理由を探したのが冒険だった気がします。
伊東＿1～3章で語っていることは、10年前に僕らがやっていた方法と全然違うと思う。10年前にも「流動体としての建築」と言っていて、不安定なもの、動いているものをどう形態化できるか考えていたけれども、方法が見つかっていなかった。だから20世紀のユークリッド幾何学に置き換えるしかなかったのだけれども、いまはもう少し別の幾何学で解く方法が見えてきた。それは明らかにひとつの冒険だと思う。
御手洗＿どれだけ新しいところへ行けるか、それが本来の意味での冒険だと思うんです。モダニズムを基準に考え新しい形を模索し、言語化していく。そこに、事務所としてのひとつの思想があり、新しさへの冒険があるんじゃないかと思います。
伊東＿20世紀のモダニズムを、君らはどういうふうに感じ取っているのか。モダニズムが身体化されてないとすれば、アルゴリズムで建築をつくるといっても、それは冒険にはならない。
　いまの日本社会は効率もいいし、ある意味で安全なところだと思う。でも建築をやり始めるととたんに、やりきれない思いにいらだつことばかり（笑）。それでもなぜ、僕らががんばっているのか。それを現場に行ったら感じ取って欲しい。
田邊＿何度も書き直している間に、伊東さんに「言葉に書くことは、設計と同じなんだ」と言われて、そうだと思ったんです。それぞれのプロジェクトで考えたことをどうやって言葉としてかたちにしていくのかが、私にとっての冒険でした。
伊東＿うん。文章を書くこととデザインすることは等価だと思う。こういうものをつくりたいとモヤモヤ考えているとき、ひとことでそれを表せる言葉を見つけたら、それでデザインはできるんだよ。自分にとって本当に確かで、自分だけの言葉であれば、人に対しても、それがどうきれいなのかが通じる。この本をつくることは、そういう言葉をどうやって発見していくかというトレーニングだったと思う。

自由な建築

森山＿伊東さんに聞いてみたいことがあるんです。ロージェがいうように、自然のなかに水平なスラブを入れ、それが建築になった。私たちもそう信じているところがあると思うんですが、たとえば台中オペラハウス（8頁）のスラブは平らではなく、これは建築ではないのではないかと思うくらい、曲面的な空間ができている。果たして、なにをもって建築というのでしょうか。
伊東＿ロージェが言いたかったことは、水平の床や垂直の柱ということより、自然とは別の独立した秩序をもってつくりだされた、自然とは完全に異質な空間が建築であるということだと思う。これは人間の理性の力でもあるんだけれど、形式化されればされるほど、建築が権威に変わり、「神の館」となってしまう。

僕はその形式を少しでも外していきたい。自由でありたいというのが、僕にとって最大の価値観なんだよ。形式にとらわれていると、人間の生命力や豊かさとかいろんなものを失ってしまう。自由さを少しでも享受できる建築とはなんだろうか。それが僕が建築をつくる一番の衝動になっているような気がする。

ただ、実際にはクライアント、法的な規制や経済といった現実的な諸条件のなかで「このやろう」「なんでこんなことにこだわらなくちゃいけないんだ」とか(笑)、そういうフラストレーションが生じてくる。30歳のときには、それをもうちょっとダイレクトに建築に向けていったけれど(笑)、いまはそういうフラストレーションを、「もっと楽しいことがあるじゃない?」「もっと豊かなことがあるじゃない?」という、みんなが共有できる思いにどう変えていけるか。まだうまく解決できてないところでもあるけれど、それを考えている。

01　ねじれたグリッド

名称　台中メトロポリタン・オペラハウス・
　　　コンペティション応募案
所在　台中市、中華民国
主要用途　劇場、商業施設
設計・監理
　建築：伊東豊雄建築設計事務所、大矩
　構造：Ove Arup & Partners
　設備：環境エンジニアリング
　ステージ・アドバイザー：本杉省三
構造　鉄筋コンクリート造、一部鉄骨造
敷地面積　57,685㎡
建築面積　8,052㎡
延床面積　34,067㎡　(駐車場を除く)
設計期間　2005年9月〜

02　動きのかたち

名称　リラクゼーション・パーク・イン・トレヴィエハ
所在　バレンシア州トレヴィエハ、スペイン
主要用途　公園、スパ関連施設
設計・監理
　建築：伊東豊雄建築設計事務所、篠崎健一、
　　　José Maria、Torres Nadal、
　　　Antonio Marquerie Tamayo
　構造：MASAHIRO IKEDA co.,ltd + SAPS、
　　　Obiol & Moya Arquitectes Associates、S.C.P.
　設備：Fernando Lamas
施工　Grupo Enerala + Jost
構造　鉄骨+木造
階数　地上1階
敷地面積　約80,000㎡
建築面積　431㎡(第1期)、1,599㎡(全体)
延床面積　349㎡(第1期)、1,249㎡(全体)
設計期間　2001年4月〜2002年5月(Ⅰ期)
施工期間　2003年9月〜

03　動きのルール

名称　サーペンタイン・ギャラリー・パヴィリオン 2002
所在　ロンドン ケンジントンガーデンズ、イギリス
主要用途　パヴィリオン(カフェ、イベントスペース)
設計・監理
　建築：伊東豊雄建築設計事務所+ Ove Arup & Partners
　構造・設備：Ove Arup & Partners
施工
　鉄骨：William Hare、Corus
　ガラス：Saint-Gobain Glass、Seele
　パネル：Sheetfabs(外装)、SAS International(内装)
構造　鉄骨造(スティール・フラットバーによる格子構造)
階数　地上1階
建築面積　309.76㎡
延床面積　309.76㎡
設計期間　2002年1月〜6月
施工期間　2002年4月〜7月

名称　グラスゴーSプロジェクト
所在　スコットランド、イギリス
主要用途　デパート
設計・監理
　建築：伊東豊雄建築設計事務所
　構造：Ove Arup & Partners
構造　鉄骨造
階数　地下1階、地上4階
敷地面積　5,000㎡
建築面積　5,000㎡
延床面積　23,000㎡
設計期間　2002年10月〜2003年12月

データ

04　コンクリートの森

名称　TOD' S 表参道ビル
所在　東京都渋谷区神宮前5丁目1番15号
主要用途　店舗、事務所
設計・監理
　建築：伊東豊雄建築設計事務所
　構造：オーク構造設計
　設備：イーエスアソシエイツ
施工
　建築：竹中工務店
構造　鉄筋コンクリート造、一部鉄骨造
階数　地上7階
敷地面積　516.23㎡
建築面積　401.55㎡
延床面積　2,563.39㎡
設計期間　2002年3月～2003年3月
施工期間　2003年6月～2004年11月

05　スティールの囲い

名称　MIKIMOTO Ginza 2 ビル
所在　東京都中央区銀座2丁目4番12号
主要用途　店舗(物品販売、飲食など)、事務所
設計・監理
　建築：伊東豊雄建築設計事務所、大成建設
　構造：佐々木睦朗構造計画研究所、大成建設
　設備：大成建設
施工
　建築・設備：大成建設
構造　鋼板コンクリート造＋鉄骨造
階数　地下1階、地上9階
設計期間　2003年8月～2004年11月
施工期間　2004年11月～2005年11月
敷地面積　275.74㎡
建築面積　237.69㎡
延床面積　2,205.02㎡

06　スティールの小屋

名称　杉並芸術会館
所在　東京都杉並区高円寺北二丁目1番2号
主要用途　劇場
設計・監理
　建築：伊東豊雄建築設計事務所
　構造：佐々木睦朗構造計画研究所
　設備：環境エンジニアリング
構造　鋼板コンクリート造＋鉄筋コンクリート造
階数　地下3階、地上3階
敷地面積　1649.26㎡
建築面積　1419.35㎡
延床面積　4797.74㎡
設計期間　2005年1月～2006年5月
施工期間　2006年11月～2008年11月(予定)

07　アルミニウムの家

名称　桜上水K邸
所在　東京都世田谷区
主要用途　専用住宅
設計・監理
　建築：伊東豊雄建築設計事務所
　構造：オーク構造設計、岡本建築構造研究室
　設備：川口設備研究所
施工
　建築：日軽産業
構造　アルミニウム造
階数　地上2階
敷地面積　183.98㎡
建築面積　86.40㎡
延床面積　109.08㎡
設計期間　1997年10月～1999年9月
施工期間　1999年10月～2000年1月

名称　sudare
所在　東京都神宮外苑絵画館前広場
主要用途　仮設展示用ブース
設計・監理
　建築：伊東豊雄建築設計事務所
　構造：オーク構造設計
施工　SUS
構造　アルミニウム造
階数　地上1階
建築面積　17.7 ㎡
延床面積　17.7 ㎡
設計期間　2005 年 2 月～ 2005 年 9 月
施工期間　2005 年 10 月

名称　アイランドシティ中央公園 便所
所在　福岡県福岡市東区香椎浜 3 丁目地内
主要用途　便所
設計・監理
　建築：伊東豊雄建築設計事務所
　構造：飯島建築設計事務所
　設備：環境エンジニアリング
施工
　建築：富士建設
　アルミ製作：SUS
構造　アルミニウム造
階数　地上1階
建築面積　38.72 ㎡
延床面積　38.72 ㎡
設計期間　2003 年 11 月～ 2004 年 3 月
施工期間　2004 年 9 月～ 2005 年 3 月

名称　SUS 福島工場社員寮
所在　福島県須賀川市
主要用途　寄宿舎
設計・監理
　建築：伊東豊雄建築設計事務所
　構造：オーク構造設計
　設備：環境エンジニアリング
施工
　構造・設備：戸田建設
　アルミ製作：SUS
構造　アルミニウム造
階数　地上1階
敷地面積　1,566.55 ㎡
建築面積　489.20 ㎡
延床面積　489.20 ㎡
設計期間　2004 年 4 月～ 2004 年 8 月
施工期間　2004 年 11 月～ 2005 年 8 月

08　手の家具

名称　ホルム・ベンチ“リップルズ”
用途　ベンチ
設計　伊東豊雄建築設計事務所
製作　HORM
全体寸法　W2,000mm × D500mm × H400mm
素材・仕上げ　積層板、オイルフィニッシュ
製作年　2003 年

名称　Sendai
用途　棚
設計　伊東豊雄建築設計事務所
製作　HORM
全体寸法　W1,920mm × D1,240mm × H1,240mm、1,920mm
素材・仕上げ　クルミ、ハンノキ材積層削り出し材、
オイルフィニッシュ／アルミニウム板鏡面仕上げ
製 作 年　2004 年

名称　Kaze
用途　棚
設計　伊東豊雄建築設計事務所
製作　HORM
全体寸法
　6 柱タイプ：W2,240 × D320 × H830、1,940、2,36／
　　W2,400 × D320 × H830、1,940、2,360
　10 柱タイプ：W2,240 × D320 × H1,940、2,360
　3 柱タイプ：W2,240 × D320 × H2,360、3,000／
　　W2,400 × D320 × H2,360、3,000
素材・仕上げ　クルミ材／アルミニウム押し出し材、鏡面仕上げ
製作年　2005 年

09　水の公園

名称　マドリッド・ガヴィア公園
所在　マドリード ヴァアイエッカス、スペイン
主要用途　都市公園
設計・監理
　建築：伊東豊雄建築設計事務所、篠崎健一、Antonio Marquerie Tamayo、Darío Gazapo、Canchita Lapayese
　ランドスケープ+エコシステム：石川幹子、Luis Tejero Encinano、Rafael Mata Olmo、Pedro Molina Holgado
敷地面積　約 390,000 ㎡
設計期間　2003 年 4 月～

10　消費の国

名称　ショッピングセンター ヴィヴォシティ
所在　1 ハーバーフロント・ウォーク、シンガポール
主要用途　ショッピングセンター
設計・監理
　建築：伊東豊雄建築設計事務所
　協力事務所：DP Architects Pte. Ltd. (Singapore)
施工
　建築：五洋建設
構造　鉄筋コンクリート造
施主　Vivocity. Pte. Ltd.
開発主体　Mapletree Investments Pte. Ltd.
　CapitaLand. Retail Ltd.
階数　地下 2 階、地上 3 階
敷地面積　89,140 ㎡
延床面積　140,100 ㎡
設計期間　2003 年 10 月～
施工期間　2004 年 1 月～ 2006 年 10 月(予定)

写真・図版クレジット

215 上　石川幹子（慶應義塾大学）
12　大作
166、167　ＳＵＳ株式会社
187、188　Erica Marson, Abacoarchitettura
62、68、69　Ove Arup & Partners
88　オーク構造設計
126、150　大橋富夫
37、71　共同通信社
228　KURAMOCHI & OGUMA
142、144　黒テント
206　国土地理院
153 上右　坂口裕康
131 - 133　佐々木睦朗構造計画研究所
184　篠利幸
11　彰国社
220、222　シンガポール政府観光局
162　新建築社写真部
104、107、109、232、236　大成建設株式会社
34、40　Daniel Suárez Zamord
54、82、83　ナカサ アンド パートナーズ
233　南條史生 / ナンジョウアンドアソシエイツ
45、93-95、121、140、190、246　畑拓（彰国社）
154　古河スカイ株式会社
176、177、186 右　HORM
18　和木通（彰国社）

特記のないものはすべて、
伊東豊雄建築設計事務所提供

伊東豊雄

1941 年、京城(現ソウル) 市生まれ。
1965 年、東京大学工学部建築学科卒業。
1965-69 年、菊竹清訓建築設計事務所。
1971 年、アーバンロボット(URBOT) 設立。
1979 年、伊東豊雄建築設計事務所に名称変更。
現在、同事務所代表取締役。

主な著作・訳書・作品集
『マニエリスムと近代建築』(コーリン・ロウ著、共訳、彰国社)
『風の変様体』(青土社)
『透層する建築』(青土社)
『伊東豊雄/ライト・ストラクチュアのディテール』
(伊東豊雄建築設計事務所編著、彰国社)
『建築:非線型の出来事 smt からユーロへ』
(伊東豊雄建築設計事務所編著、彰国社)

建築文化シナジー
けんちく世界をめぐる10の冒険

2006年10月20日 第1版 発行
2006年12月10日 第1版 第2刷

編著者 伊東豊雄建築塾
発行者 後藤武
発行所 株式会社 彰国社
160-0002 東京都新宿区坂町25
電話 03-3359-3231(大代表)
振替口座 00160-2-173401
http://www.shokokusha.co.jp
http://www.kenchikubunka.com
製版・印刷 壮光舎印刷株式会社
製本 株式会社関山製本社

ISBN 4-395-24106-9 C3352